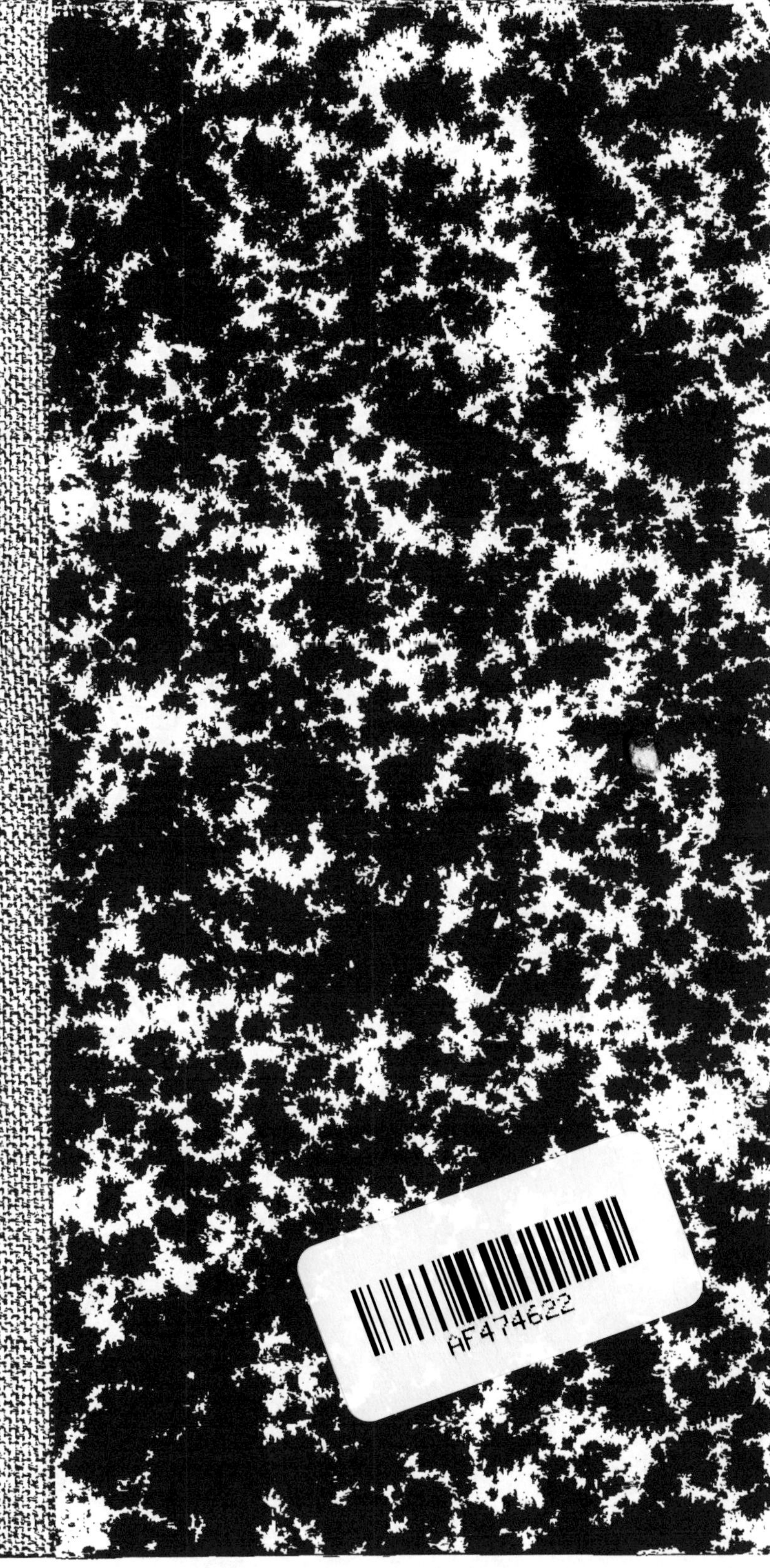

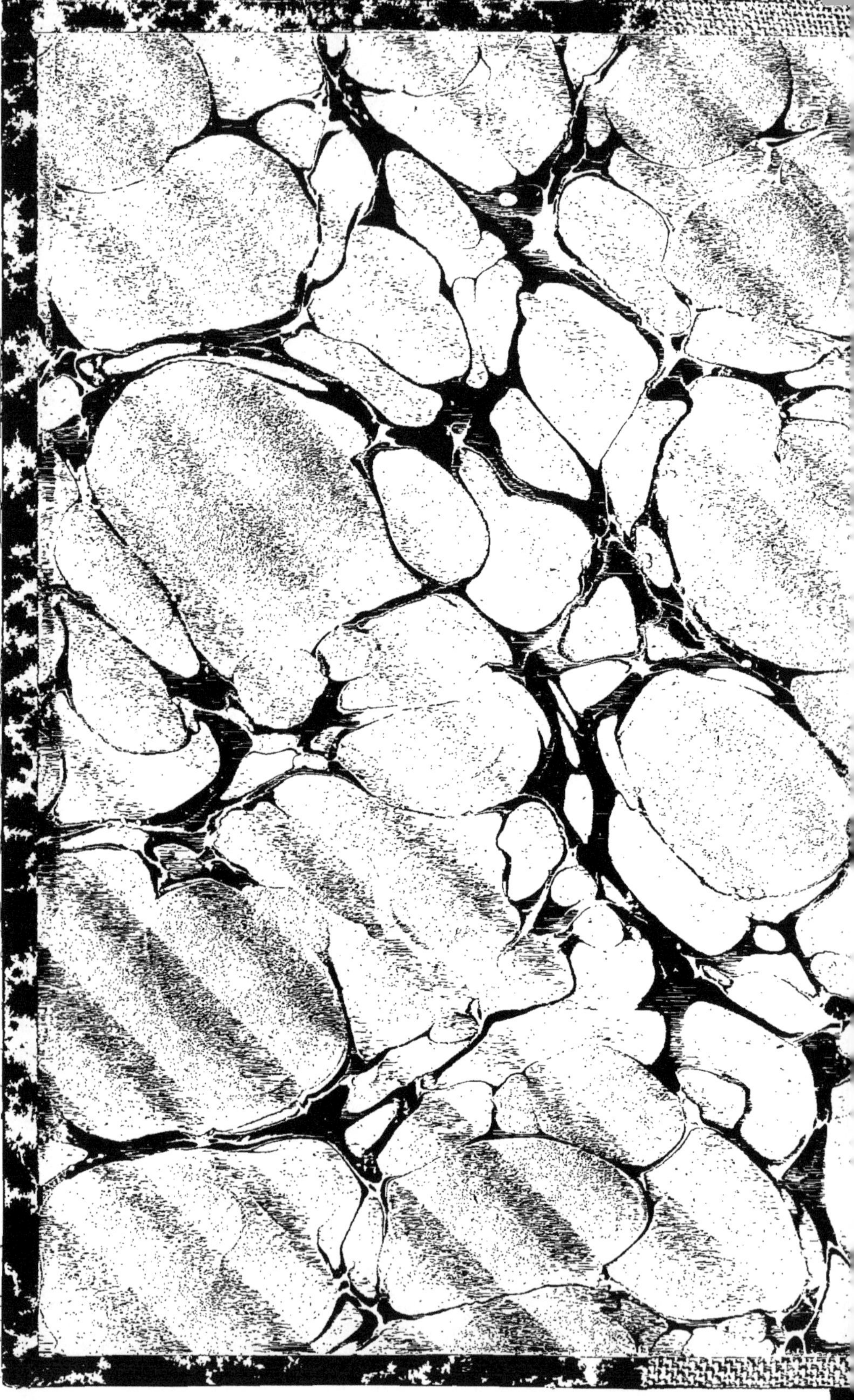

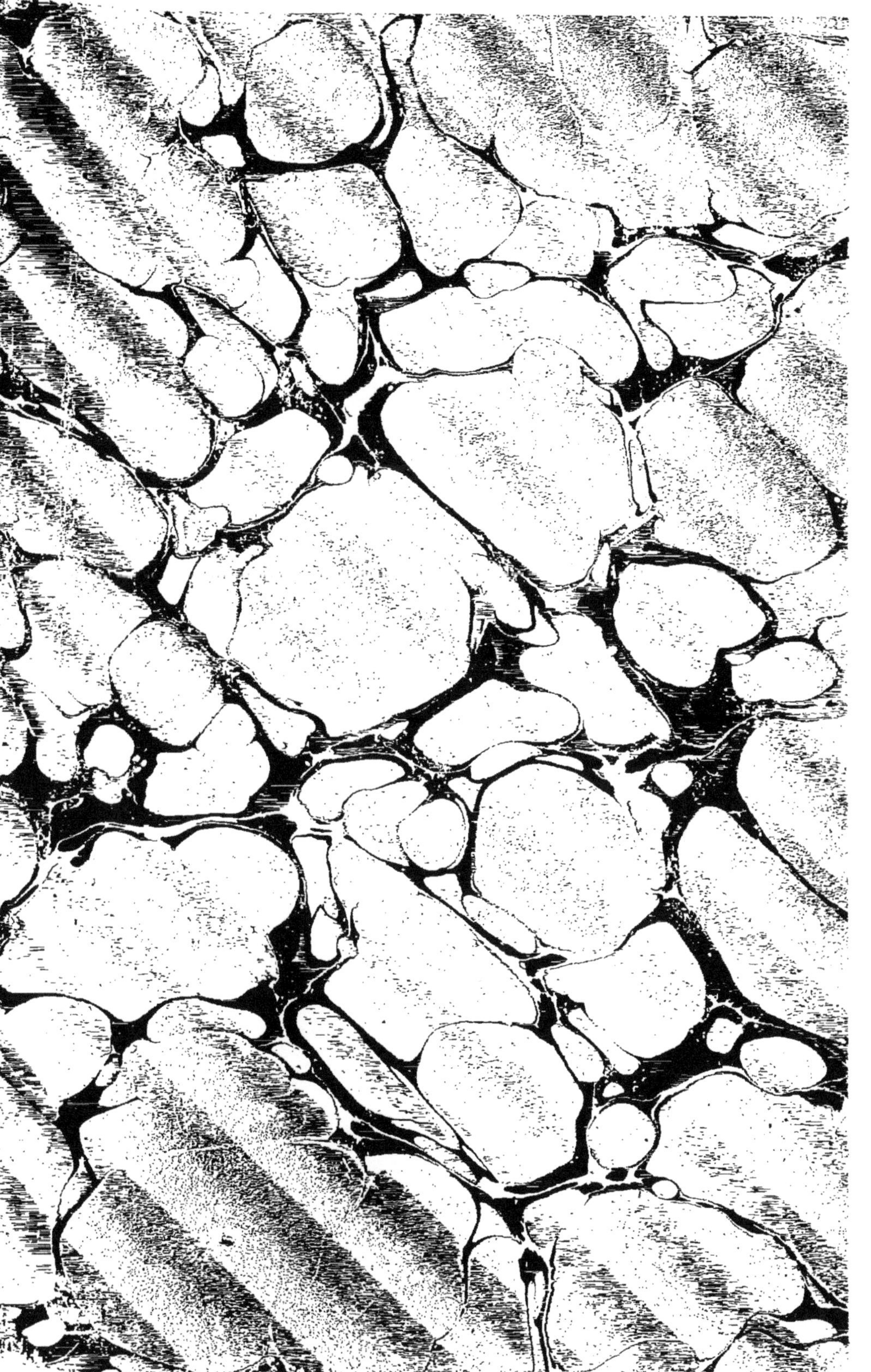

PAUL MANSUY

LE MAROC

CONTEMPORAIN

PAR

NARCISSE COTTE

Ancien attaché au Consulat général de France au Maroc.

PARIS

CHARPENTIER, LIBRAIRE-ÉDITEUR

28, QUAI DE L'ÉCOLE

1860

CATALOGUE

DE LA

BIBLIOTHÈQUE-CHARPENTIER

28, quai de l'École, à Paris

CHOIX DES MEILLEURS OUVRAGES

FRANÇAIS OU ÉTRANGERS TRADUITS EN FRANÇAIS

PUBLIÉS AVEC NOTES, VARIANTES, INDEX, ETC., ETC.,

à 3 fr. 50 le volume.

Tous les ouvrages portés dans ce Catalogue sont expédiés franco par la poste, dans les départements et en Algérie. contre l'envoi de leur prix en timbres-poste.

CLASSIQUES FRANÇAIS, ÉDITIONS CH. LOUANDRE.

1° Les textes de ces éditions ont été rétablis dans leur pureté primitive, d'après un collationnement rigoureux sur les originaux ou les meilleures versions, et ils se trouvent ainsi dégagés des interpolations dont on les avait surchargés.

2° Un classement plus rigoureux a été introduit. Les sources originales, les emprunts et les imitations ont été indiqués. Des références à d'autres ouvrages sur les mêmes sujets ont été signalées.

3° Les variantes ont été ajoutées, les préfaces et les examens rétablis, ce qui permet au lecteur d'assister au travail de la composition, et d'avoir la théorie esthétique de ces beaux génies.

4° Pour les annotations, M. Louandre a suivi tous les travaux de critique, les remarques, les commentaires dont ces auteurs ont été l'objet jusqu'à nos jours, et il a résumé sous une forme concise et variée ce que ces travaux ont produit de plus remarquable. Il y a ajouté un travail philologique, historique, littéraire et moral.

Ces éditions sont en outre accompagnées non-seulement de l'histoire de chaque auteur d'après les documents les plus authentiques et les plus complets, mais aussi de celle de ses ouvrages et des sujets qui les ont fait naître ou qui s'y réfèrent. Ainsi les *Œuvres de Molière* sont précédées de l'histoire du théâtre en France; *les Provinciales de Pascal* de l'histoire du Jansénisme, etc., etc.

Nous avons encore ajouté à ces éditions une amélioration importante, celle d'INDEX ou plutôt de DICTIONNAIRES, qui sont, par ordre alphabétique, l'essence de ces ouvrages et qui en résument l'esprit selon les propositions de l'auteur. Pour les moralistes, comme Pascal et Montaigne, cette amélioration est de la plus grande importance.

VOICI LA LISTE DE CES ÉDITIONS DE M. CHARLES LOUANDRE.

MONTAIGNE ...... **Essais,** suivis de *Lettres* et de *la Servitude volontaire* de la Boëtie .... †† 4 vol.
CORNEILLE (P. et Th.) **Œuvres** .... †† 2 vol.
MOLIÈRE .... **Œuvres complètes** .... †† 3 vol.
PASCAL .... **Pensées,** d'après le manuscrit de la Bibliothèque impériale .... †† 1 vol.
Les Provinciales .... †† 1 vol.
RACINE .... **Théâtre complet** .... †† 1 vol.
LA FONTAINE .... **Fables,** suivies de *Philémon et Baucis* et des *Filles de Minée*, avec un beau portrait gravé .... †† 1 vol.
BOILEAU .... **Œuvres poétiques** .... †† 1 vol.
LA BRUYÈRE ..... **Caractères,** suivis de ceux de Théophraste .... †† 1 vol.
VOLTAIRE .... **Siècle de Louis XIV,** suivi de la liste raisonnée des hommes les plus remarquables de l'époque ...... †† 1 vol.

1er Janvier 1860. — Ce Catalogue annule les précédents.

LITTÉRATURE ANCIENNE.

LE ROI LOUIS XI. **Les cent Nouvelles nouvelles,** éd. revue sur les texte originaux, avec une introd. par Le Roux de Lincy.... 2 vo

BÉROALDE (de Vervillc). **Le moyen de parvenir** .... 1 vo

RABELAIS......... **Œuvres**; édition augmentée de plusieurs extraits des *Chro niques admirables du puissant roi Gargantua,* ainsi que d'u grand nombre de variantes, et de deux chapitres inédits d Ve livre, d'après un manusc. de la Bibliothèque impériale; av des notes explicatives, et une notice historique contenant de documents originaux relatifs à la vie de Rabelais..†† 1 vo

BONAVENTURE (des Périers). **Contes ou nouvelles récréations et joyeux devis** avec les notes de *la Monnoye* et une notice de *C. Nodier.* 1 vo

NOEL DU FAIL... **Propos rustiques,** édit. de M. Marie Guichard.. 1 vo

SATYRE MENIPPÉE.. **De la Vertu du Catholicon d'Espagne et de l Tenue des états de Paris,** édition Labitte.. 1 vo

LA FONTAINE..... **Contes et Nouvelles,** avec les variantes....... 1 vo

LE SAGE........... **Gil Blas,** belle édition, accompagnée de notes et d'un notice par M. Saint-Marc Girardin...............†† 1 vo

HAMILTON........ **Mémoires du chevalier de Grammont,** nouvel édition complétée par les extraits du journal anglais d Samuel Pepys, avec des notes, par M. G. Brunet...† 1 vo

PREVOST (L'ABBÉ). **Manon Lescaut,** édit. accompagnée de notices et travaux littéraires, par MM. Sainte-Beuve et G. Planche...†† 1 vo

J.-J. ROUSSEAU.. **Confessions,** avec préface de George Sand....†† 1 vo

La Nouvelle Héloïse, belle édition.........†† 1 vo

Émile, belle édition..........................†† 1 vo

CHENIER (ANDRÉ).. **Poésies complètes,** ornées d'un *beau portrait,* et pr cédées d'une notice par M. H. de Latouche......... 1 vo

MÉMOIRES ET CORRESPONDANCES

SUR L'HISTOIRE ET LA SOCIÉTÉ FRANÇAISES.

D'AUBIGNÉ (Agrippa). **Mémoires** publiés pour la première fois d'après le manu scrit du Louvre, accompagnés de notes et éclaircissement et suivis d'un index, par M. Ludovic Lalanne....†† 1 vo

MARGUERITE de Valois. **Mémoires de la reine Marguerite de Valois** publiés par Ch. Caboche, avec notes............. 1 vo

VOITURE.......... **Œuvres,** *Lettres et Poésies,* nouvelle édition revue sur manuscrit de Conrart, corrigée et augmentée de lettres e pièces inédites, avec le commentaire de Tallemant des Réau des éclaircissements et des notes, par M. A. Ubicini. 2 vo

Madame de **MOTTEVILLE**. **Mémoires de Mme de Motteville,** édition d'après manuscrit de Conrart, accompagnée de notes....... 4 vo

Mademoiselle de **MONTPENSIER,** fille de Gaston. **Mémoires de Mlle de Montpensier,** *fille de Gasto de France, duc d'Orléans,* nouvelle édition publiée pour première fois d'après les manuscrits autographes, accom de notes historiq. et biographiques, par M. Chéruel. 4 vo

CARDINAL DE RETZ. **Mémoires** d'après le texte du manuscrit original, avec le instructions de Mazarin, des notes, notices, commentaires e un index par M. Aimé Champollion................. 4 vo

…INTENON (Mme). **Œuvres de Mme de Maintenon,** publiées pour la première fois d'après les textes originaux ou copies authentiques, avec un commentaire et des notes, par M. Théophile Lavallée.

Ces Œuvres se vendent séparément comme suit :

Lettres sur l'Éducation des filles........ 1 vol.
Entretiens sur l'Éducation des filles..... 1 vol.
Lettres historiques et édifiantes........ 2 vol.
Conseils aux demoiselles.................. 2 vol.
Correspondance générale.................. 4 vol.
Mémoires sur Mme de Maintenon, contenant : 1o *Souvenirs de Mme de Caylus ;* 2o *Mémoires inédits de Mlle d'Aumale ;* 3o *Mémoires des Dames de Saint-Cyr*........ 2 vol.

…RLÉANS (duchesse) princesse palatine. **Correspondance de la duchesse d'Orléans, princesse palatine, mère du Régent,** traduction nouvelle par M. G. Brunet, accompagnée de notes et d'éclaircissements. *Seule édition complète*.................. 2 vol.

…SSY-RABUTIN **Mémoires de Bussy-Rabutin,** nouv. édit. augmentée d'un grand nombre de fragments inédits, suivis de l'*Histoire amoureuse des Gaules*, et accompagnée de notes et éclaircissements par M. Ludovic Lalanne................ 2 vol.

Correspondance de Bussy-Rabutin, *avec sa famille et ses amis, durant son exil,* nouvelle édition, d'après le manuscrit de l'auteur, contenant un très-grand nombre de lettres inédites et accompagnée de notes, par M. L. Lalanne. 6 vol.

…RBIER......... **Journal complet de Barbier,** avocat au parlement de Paris, *Mémoires historiques et anecdotiques sur Paris et la société française au XVIIIe siècle* (1718-1762). SEULE ÉDITION COMPLÈTE publiée d'après le manuscrit autographe de l'auteur, avec notes, éclaircissements et un index. 8 vol.

… D'ÉPINAY.... **Mémoires et Correspondance** de Mme d'Épinay, contenant des détails sur ses liaisons avec les personnages célèbres du XVIIIe siècle. *Seule édition complète* accompagnée d'un grand nombre de lettres inédites de Grimm, de Diderot, de J.-J. Rousseau, et avec des notes et éclaircissements. 2 vol.

La baronne **…BERKIRCH**... **Mémoires sur la cour de Louis XVI** *et la société française avant* 1789, publiés d'après le manuscrit de l'auteur, par le comte de Montbrison, son petit-fils........... 2 vol.

ÉCRIVAINS CONTEMPORAINS.

…É-MARTIN.... **Éducation des Mères de Famille,** ou *de la Civilisation du genre humain par les Femmes,* 3e édition..... 2 vol

…LLAT-SAVARIN ET BERCHOUX. **Physiologie du Goût,** ou *Méditations de Gastronomie transcendante ;* ouvrage théorique, historique et à l'ordre du jour, dédié aux gastronomes parisiens, par BRILLAT-SAVARIN ; nouvelle édition précédée d'une notice sur l'auteur et accompagnée des ouvrages suivants : TRAITÉ DES EXCITANTS MODERNES, par H. de Balzac ; LA GASTRONOMIE de Berchoux ; L'ART DE DÎNER EN VILLE de Colnet ; ANECDOTES ET FRAGMENTS D'HISTOIRE CULINAIRE par des amateurs ; PENSÉES ET PRÉCEPTES recueillis par un philosophe ; RECETTES ET FORMULES, par un cordon bleu, etc.................... † 1 vol.

Benj. CONSTANT. **Adolphe,** accompag. d'une notice de G. Planche. †† 1 vol

N. COTTE........ **Le Maroc contemporain**................ 1 vol

DARGAUD......... **Histoire de la Liberté religieuse en France et de ses fondateurs**.............. 1 vol

DELECLUZE (E. J.). **Romans, Contes et Nouvelles**........... †† 1 vol

Les Beaux-Arts dans les deux mondes, compte rendu de l'exposition des Beaux-Arts à Paris, en 1855 .... †† 1 vol

FERRY............. **Scènes de la vie sauvage au Mexique** (*Le pêcheur de perles.—Une guerre en Sonora.—Cayetano le contreban-dier. — Les Gambusinos. — Le dompteur de chevaux. — Bermudes-el-Matassiette. — Le Salteador.*)......... 1 vol

GAUTIER (Théoph.). **Poésies complètes**.......................... 1 vol

Mademoiselle de Maupin................. 1 vol

Nouvelles................................. 1 vol

Voyage en Espagne (*Tra los Montes*)........... 1 vol

GERUZEZ.......... **Histoire de la Littérature française** pendant la Révolution.................................. 1 vol

GERARD de Nerval.... **Voyage en Orient** (Les femmes du Caire. — *Les Mariages cophtes. — Les Esclaves. — Le Harem. — Les Pyramides. — La Cange. — La Santa Barbara.* — Druses et Maronites. — *Un prince du Liban. — Le Prisonnier. — Histoire du calife Hakem. — L'Anti-Liban.* — Les nuits du Ramazan — *Stamboul. — Théâtres et Fêtes. — Les Conteurs* — Histoire de la reine du matin et de Soliman, prince des génies — Le Baïram, etc.) 3e éd. corrigée et augmentée... 2 vol

Jules GIRARD.... **Essai sur Thucydide**.......................... 1 vol

JURIEN de la Gravière.... **Guerres maritimes** sous la République et l'Empire avec plans et cartes.............................. † 2 vol

Voyage en Chine *et dans les mers et archipels de cet empire*, pendant les années 1847, 1848, 1849 et 1850, par *Jurien de la Gravière*, avec une belle carte gravée......... 2 vol

KRUDNER (Mme de). **Valérie,** avec une notice par M. Sainte-Beuve.. †† 1 vol

E. LABOULAYE... **La liberté religieuse**......................... 1 vol

LAVALLÉE (Théop.). **Histoire des Français,** depuis le temps des Gaulois jusqu'en 1830 ; 10e édition, revue et corrigée par l'auteur. 4 vol

Géographie physique, historique et militaire ouvrage adopté pour l'École militaire de Saint-Cyr.... 1 vol

MAISTRE (J. de).... **Du Pape,** nouvelle édition........................ † 1 vol

MAISTRE (X. de)... **Œuvres complètes** (*Voyage autour de ma Chambre Expédition nocturne, le Lépreux, les Prisonniers du Caucase, la Jeune Sibérienne*), édition ornée d'*un beau portrait* de l'auteur dessiné d'après nature et gravé sur acier. 1 vol

MIGNET............ **Histoire de Marie Stuart**................ †† 2 vol

Notices et portraits historiques et littéraires (*Sieyès, Rœderer, Livingston, le prince de Talleyrand, Broussais, Destutt de Tracy, Daunou, le comte Siméon, de Sismondi Rossi, Cabanis, Droz, Franklin,* etc., etc.)...... †† 2 vol

Antonio Perez et Philippe II.............. †† 1 vol

Mémoires historiques .... †† 1 vol

MESNARD (Paul)... **Histoire de l'Académie française**......... 1 vol.

MILLEVOYE....... **Poésies**, avec une notice par M. de Pongerville.... 1 vol.

MISTRAL.......... **Mirèio**, poëme provençal, avec la traduction littérale en regard par l'auteur, 2e édit. accompagnée de notes. 1 vol.

MERIMEE (Prosper) **Chronique du temps de Charles IX**, suivie de : *la Double Méprise, la Guzla*, etc., etc.................. 1 vol.

Colomba, suivie de : *la Vénus d'Ile, les Ames du Purgatoire, Mateo Falcone, Vision de Charles XI, l'Enlèvement de la Redoute, Tamango, la Perle de Tolède, la Partie de Trictrac, le Vase étrusque, les Mécontents*, etc..... 1 vol.

Théâtre de Clara Gazul (*Les Espagnols en Danemark. — Une femme est un diable. — L'Amour africain. — Inès Mendo. — Le Ciel et l'Enfer. — Le Carrosse du Saint-Sacrement. — La Jacquerie. — La Famille de Carvajal.*).. 1 vol.

MUSSET (Alfred de) **Premières poésies** (*Contes d'Espagne et d'Italie.-Spectacle dans un fauteuil.— Poésies diverses.—Namouna.*) 1 vol.

Poésies nouvelles (*Rolla. — Les Nuits. — Poésies nouvelles. — Contes en vers*).............................. 1 vol.

Œuvres posthumes. *L'Ane et le Ruisseau*, comédie.— *Le Songe d'Auguste. — Un Souper chez Mlle Rachel. — Poésies diverses*, etc., etc................................ 1 vol.

La Confession d'un Enfant du siècle...... 1 vol.

Nouvelles (*Les deux Maîtresses. — Emmeline.—Le Fils du Titien.—Frédéric et Bernerette.—Croisilles.—Margot.*) 1 v.

Contes (*La Mouche. — Pierre et Camille. — Mademoiselle Mimi Pinson. — Les secrets de Javotte. — Le Merle blanc*), suivis des lettres sur la littérature.................... 1 vol.

Comédies et Proverbes (*André del Sarto.* — Lorenzaccio.— *Les Caprices de Marianne.—Fantasio.— On ne badine pas avec l'amour — La Nuit vénitienne.— Barberine.— Le Chandelier. — Il ne faut jurer de rien. — Un caprice. — Il faut qu'une porte soit ouverte ou fermée.— Louison.— On ne peut penser à tout. — Carmosine. — Bettine.*)..... 2 vol.

MUSSET (Paul de).. **Lui et Elle**................................ 1 vol.

Nouvelles italiennes et siciliennes (*La Foire de Sinigaglia. — La Pagota.— Le Vomero*.........†† 1 vol.

Le nouvel Aladin, suivi de *la Frascatane*, du *Biscaliais* et de *la Saint-Joseph*...........................†† 1 vol.

Les Originaux du XVIIe siècle (*Le Cheval de Créqui. — Mademoiselle Paulet.—Le marquis de Mariani et la reine Christine.- Le premier favori de Monsieur (Gaston d'Orléans). —Un mauvais sujet en 1645.— Michel Lambert.— Un homme aimable en 1645.—Les Précieuses.—Le duc de Coislin.*)† 1 v.

Les femmes de la Régence (*La Duchesse de Berry. — La Comtesse de Verue.— Claudine de Tencin.— Mademoiselle Quinault. — Mademoiselle de Lespinasse.*)...†. 1 vol.

Mémoires de Charles Gozzi, poëte vénitien du dix-huitième siècle, traduction libre.................†† 1 vol.

Voyage en Italie et en Sicile en 1843...† 1 vol.

NODIER (CHARLES).. **Souvenirs de la Révolution et de l'Empire.** † 2 v.
Souvenirs de Jeunesse (*Séraphine. — Thérèse. — Clémentine. — Amélie.*) .... † 1 vol.
Contes de la Veillée (*J. François-les-bas-bleus. — Hélène Gillet. — M. Cazotte. — Légende de sœur Béatrix. — Les Aveugles de Chamouny. — Le Chien de Brisquet. — Les quatre Talismans. — Polichinelle. — Baptiste Montauban. — La Filleule du seigneur. — L'Homme et la Fourmi.*)... † 1 vol.
Contes fantastiques (*La Fée aux Miettes. — Smarra. — Le Songe d'or. — Le Génie bonhomme.*).......... † 1 vol.
Nouvelles (*Trilby. — Inès de las Sierras. — Lydie. — Les Proscrits. — Les Marionnettes, etc., etc.*)......... † 1 vol.
Romans (*Jean Sbogar, Thérèse Aubert, Adèle.*) † 1 vol.

RIGAULT (H.)..... **Conversations littéraires et morales,** avec un beau portrait de l'auteur gravé par M. Levasseur et une notice sur sa vie par M. Paul Mesnard .... 1 vol.

SAINTE-BEUVE... **Tableau de la Poésie française**........... † 1 vol.
Poésies complètes (*Jos. Delorme, Consolations*). † 1 v.
Volupté, roman................................ † 1 vol.

ST-MARC GIRARDIN. **Cours de Littérature dramatique,** 4e éd. corr. 4 vol.
Essais de Littérature et de Morale, 2e éd. †† 2 v.

SANDEAU (JULES)... **Madeleine,** ouvrage couronné par l'Acad. franç. † 1 vol.
Mademoiselle de la Seiglière............. † 1 vol.
Marianna....................................... † 1 vol.
Le Docteur Herbeau............................. † 1 vol.
Fernand, suivi de **Vaillance et Richard**... † 1 vol.
Valcreuse...................................... † 1 vol.
Mme de Sommerville. — Chasse au roman. † 1 vol.

STAEL (Mme DE)..... **Corinne,** avec préface de Mme N. de Saussure... †† 1 vol.
De l'Allemagne, avec notice par X. Marmier. †† 1 vol.
Delphine, avec une préface de Sainte-Beuve.. †† 1 vol.
De la Littérature................................ 1 vol.
Considérations sur la Révolution française, ouvrage posthume publié par M. le duc de Broglie... † 1 vol.
Mémoires, suivis d'autres ouvrages posthumes.. † 1 vol.

SENANCOUR (DE) .. **Obermann,** avec une préface de George Sand... 1 vol.

TAXILE DELORD **Matinées littéraires**........................ 1 vol.

VALMORE (Mme).... **Poésies,** avec une introduction par M. Ste-Beuve. 1 vol.

VIGNY (ALFRED DE).. **Cinq-Mars,** 12e édition revue et corrigée......... 1 vol.
Stello.. 1 vol.
Servitude et Grandeur militaires....... 1 vol.
Théâtre.. 1 vol.
Poésies complètes............................. 1 vol.

WEISS (CH.)........ **Histoire des Réfugiés protestants de France,** depuis la révoc. de l'édit de Nantes jusqu'à nos jours. 2 vol.

CLASSIQUES LATINS.

TRADUCTIONS NOUVELLES AVEC LE TEXTE LATIN.

TACITE............ **Œuvres complètes,** traduction Ch. Louandre ... 2 vol.
J. CÉSAR.......... **Guerre des Gaules,** traduction Louandre...... 1 vol.
SUETONE.......... **Vies des douze Césars,** trad. Pessonneaux... 1 vol.
HORACE........... **Œuvres poétiques,** traduction Patin........... 2 vol.
VIRGILE.......... **Œuvres complètes,** traduction Pessonneaux.. 2 vol.
TERENCE.......... **Comédies,** traduction nouvelle par M. Talbot..... 2 vol.

CLASSIQUES GRECS TRADUITS EN FRANÇAIS.

ARISTOPHANE... **Comédies,** traduction nouvelle par M. Zevort...† 2 vol.
ARISTOTE......... **La Politique, l'Économique, Lettre à Alexandre,** traduction revue et corrigée................... 1 vol.
DÉMOSTHENES... **Chefs-d'œuvre,** traduits par J.-F. Stievenart, doyen de la Faculté des lettres de Dijon, 4e édit................ 1 vol.
DIOGENE de Laërte.... **Vies des Philosophes de l'Antiquité,** traduction nouvelle par M. Zevort, inspecteur de l'acad. d'Aix. 2 vol.
EURIPIDE......... **Théâtre,** traduction nouvelle par M. Clémencet.† 2 vol.
ESCHYLE.......... **Tragédies,** traduction de M. Alexis Pierron.....† 1 vol.
HÉRODOTE....... **Histoire,** traduction Larcher, revue et annotée.... 2 vol.
PLATON............ **Œuvres complètes,** traduites en français....... 8 vol.

NOTA. La traduction de plusieurs dialogues est empruntée à Grou et à Dacier, mais revue et corrigée par M. *Amédée Saisset*, professeur de philosophie au collége de Laval; la traduction des autres dialogues est entièrement de M. *Emmanuel Chauvet*, professeur de philosophie à la Faculté des lettres de Rennes.

Cette édit. forme 8 vol. divisés en 6 séries ainsi composées:

PREMIÈRE SÉRIE.... **Dialogues socratiques.** — *Euthyphron.* — *Apologie de Socrate.* — *Criton.* — *Premier Alcibiade.* — *Charmide.* — *Lachès.* — *Protagoras.* — *Premier Hippias.* — *Menexène.* — *Ion.* — *Lysis.* — *Phèdre.* 2 vol.

DEUXIÈME SÉRIE.... **Dialogues polémiques.** — *Théétète* — *Cratyle.* — *Euthydème.* — *Le Sophiste.* — *Parménide.* — *Ménon.* — *Philèbe.* 2 vol.

TROISIÈME SÉRIE.... **Dialogues dogmatiques.** — *Phédon.* — *Gorgias.* — *Le Banquet.* — *La Politique.* — *Le Timée.* — *Critias.* 2 vol.

QUATRIÈME SÉRIE.... **La République** ou *l'État.* 1 vol.

CINQUIÈME SÉRIE.... **Les Lois.** 1 vol.

SIXIÈME SÉRIE...... **Dialogues apocryphes.** — *Dialogues apocryphes.* — *Lettres.* — *Testament.* — *Fragments divers.* 1 vol.

NOTA. Chaque série se vend séparément 3 fr. 50 c. le volume.

HOMÈRE........... **L'Iliade,** traduction nouv. par M. Pessonneaux .. 1 vol.
L'Odyssée, trad. nouv. par M. Pessonneaux ..... 1 vol.

ROMANS GRECS. **Traduits par M. Zevort,** comprenant : *Theagènes et Chariclée*, l'*Ane de Lucien*, l'*Eubéenne, Daphnis et Chloé, Leucippe et Clitophon, Abrocome* et l'*Histoire véritable.* 2 v.

MARC-AURÈLE.... **Œuvres,** traduction de M. Alexis Pierron......† 1 vol.

MORALISTES..... **Socrate, Epictète, Cébès, Théognis, Pythagore,** etc., traduits en français.................. 1 vol.

PLUTARQUE....... **Vies des Hommes illustres,** traduction nouvelle par M. Alexis Pierron, avec une notice du traducteur.... 4 vol.

SOPHOCLE........ **Tragédies,** traduction Artaud; 2e édition, corrigée. 1 vol.

THUCYDIDE....... **Histoire,** traduction nouvelle par M. Zevort, avec notes historiques, biographiques, géographiques et un index.. 2 vol.

XENOPHON....... **Œuvres complètes,** traductions Dacier, Lévesque, Gail, etc., revues et corrigées par M. Henri Trianon. 2 vol.

LITTÉRATURE ÉTRANGÈRE.

TRADUCTIONS NOUVELLES EN FRANÇAIS.

ANGLAISE.

MACAULAY........ **Histoire de la révolution anglaise de 1688,** traduite par M. Émile Montégut..............† 2 vol.
Histoire de Guillaume III, trad. Pichot ...† 3 vol.

MILTON............ **Le Paradis perdu**, traduction Pongerville...... 1 vol.

SHAKSPEARE.... **Œuvres complètes**, traduct. Benjamin Laroche. 6 vol.

GOLDSMITH (O.).. **Le Vicaire de Wakefield**, traduit par madame Belloc, avec une notice de Walter Scott ....†† 1 vol.

FIELDING.......... **Tom Jones,** trad. nouv. par L. de Wailly........ 2 vol.

STERNE............ **Tristram Shandy**, traduction Léon de Wailly... 2 vol.

LINGARD........... **Histoire d'Angleterre,** traduite par M. L. de Wailly, avec la contin. jusqu'à nos jours par Th. Lavallée..†† 6 vol.

ALLEMANDE.

KLOPSTOCK...... **La Messiade,** traduction de Mme de Carlowitz... 1 vol.

GŒTHE............. **Théâtre,** traduction de X. Marmier, avec notice.† 1 vol.
Poésies, traduites par Henri Blaze............† 1 vol.
Faust, seule traduction complète par Blaze......† 1 vol.
Wilhelm Meister, traduction Carlowitz.......† 2 vol.
Werther, traduction de M. Pierre Leroux, suivi de *Hermann et Dorothée,* traduction de X. Marmier....†† 1 vol.
Les Affinités électives, traduction Carlowitz..† 1 vol.
Mémoires—*Extraits de ma vie,—Poésie et Réalité,—Voyages*, trad. nouv. par Mme la baronne de Carlowitz...† 2 vol.

NTEURS allemands..... **Nouvelles allemandes,** par X. Marmier. ..†† 1 vol.
HILLER......... **Théâtre,** traduct. par X. Marmier, avec notice...† 3 vol.
Histoire de la Guerre de Trente ans, traduction de Mme de Carlowitz, couronnée par l'Acad. française...† 1 vol.
Poésies, traduction nouvelle de X. Marmier.....† 1 vol.
OFFMANN........ **Contes fantastiques,** traduction X. Marmier. † 1 vol.
ÈTES DU NORD.... **Chants populaires du Nord,** trad. Marmier..† 1 vol.

ITALIENNE ET ESPAGNOLE.

ANTE.............. **La Divine Comédie,** traduction Brizeux, avec *la Vie Nouvelle,* trad. Delécluze, et l'*Essai* de Ch. Labitte.† 1 vol.
SSE.............. **Jérusalem délivrée,** suivie de l'*Aminte,* traduction de A. Desplaces, avec notice.......................† 1 vol.
ANZONI.......... **Les Fiancés,** traduction de Rey-Dusseuil....... 1 vol.
LVIO PELLICO. **Mes Prisons,** suivies des *Devoirs des Hommes,* traduction de M. A. de Latour; des additions de Maroncelli, etc.† 1 vol.
ACHIAVEL...... **Histoire de Florence,** traduction de Périès...† 1 vol.
Œuvres politiques, contenant : *le Prince, les Décades de Tite-Live,* etc., etc., traduction Périès, avec notice, introduction, notes et commentaires, par Ch. Louandre.....† 1 vol.
Œuvres littéraires, trad. Périès, avec notice, introduction, notes et commentaires, par Ch. Louandre......† 1 vol.
LDERON......... **Théâtre,** traduct. nouvelle par M. Damas Hinard.. 3 vol.
RVANTES....... **Don Quichotte,** traduction Damas Hinard.....† 2 vol.
PE DE VEGA... **Théâtre,** traduct. nouvelle par M. Damas Hinard.. 2 vol.
MOENS.......... **Les Lusiades,** trad. de Millié, revue et annotée par M. Dubeux, notice par M. Magnin .... 1 vol.

PHILOSOPHIE ET RELIGION.

SCARTES....... **Œuvres;** comprenant : le *Discours de la Méthode,* les *Méditations,* les *Objections,* les *Réponses aux Objections,* les *Passions de l'Ame,* avec une introduction de M. J. Simon. 1 vol.
ALEBRANCHE.. **Œuvres;** comprenant : les *Entretiens métaphysiques,* les *Méditations,* le *Traité de l'Amour de Dieu,* l'*Entretien d'un Philosophe chrétien et d'un Philosophe chinois,* la *Recherche de la Vérité,* avec une introduction de M. J. Simon.. 2 vol.
IBNITZ.......... **Œuvres;** comprenant : *Nouveaux Essais sur l'Entendement, Opuscules divers, Essais de Théodicée, Monadologie, Correspondance avec Clarke,* édition de M. A. Jacques. 2 vol.
CON. .... **Œuvres,** traduites en français, édition comprenant : *De la Dignité et de l'Accroissement des Sciences, Nouvel Organum, Essais de Morale et de Politique, de la Sagesse des Anciens;* édition de M. Francis Riaux.......................... 2 vol.

BOSSUET.......... **Œuvres philosophiques**; *Libre Arbitre, De la Connaissance de Dieu et de soi-même, Traité de la Concupiscence*, avec une introduction de M. Jules Simon........... 1 vol.

FÉNELON........... **Œuvres philosophiques**; édition comprenant: *Traité de l'Existence de Dieu, Lettres sur la Métaphysique, Réfutation du Système de Malebranche*, et précédées d'une introduction par M. Amédée Jacques........................... 1 vol.

EULER............. **Lettres à une Princesse d'Allemagne**, précédées de l'Éloge d'Euler par Condorcet; édition accompagnée de 215 planches gravées sur bois et intercalées dans le texte, avec une introd. et des notes par Émile Saisset..... 2 vol.

SPINOZA........... **Œuvres complètes**, traduites par Émile Saisset, et précédées d'une introduction, par le même............ 4 vol.

SAISSET (ÉMILE).... **Essai de philosophie religieuse**, 1 beau vol. grand in-8°. Prix.. 7 fr.

La Philosophie et la Religion au 19e siècle. ++ 1 v.

Mélanges d'histoire, de morale et de critique, *Saint Anselme, Giordano Bruno, Michel Servet*, etc. 1 vol.

EMERSON (RALPH).. **Essais de Philosophie américaine**, traduits par E. Montégut, avec une introduction et des notes....... 1 vol.

ST. AUGUSTIN.... **Confessions**, trad. nouvelle par M. Paul Janet.. + 1 vol.

La Cité de Dieu, trad. nouvelle par M. Saisset. + 4 vol.

BOSSUET.......... **Discours sur l'Histoire universelle**...... + 1 vol.

Elévations sur les Mystères............... + 1 vol.

Méditations sur les Evangiles........... + 1 vol.

Histoire des variations...................... 3 vol.

OUVRAGES DIVERS.

MAHOMET......... **Le Koran**; traduction nouvelle, faite sur le texte arabe, par Kasimirsky, nouvelle édition entièrement revue et corrigée par le traducteur, accompagnée de notes, commentaires et éclaircissements, précédée de l'histoire de Mahomet et de ses doctrines, et complétée par un index............ 1 vol.

CONFUCIUS et Mencius. **Les Quatre Livres de Philosophie morale et politique de la Chine**, traduits par Pauthier... 1 vol.

QUATREFAGES(de) **Souvenirs d'un naturaliste** .... ++ 2 vol.

CABANIS........... **Rapports du Physique et du Moral de l'homme**, nouvelle édition, contenant: l'Extrait raisonné de Destutt-Tracy, la table alphabétique et analytique de Sue, une notice sur Cabanis, et un Essai sur la science des rapports du Physique et du Moral, par le docteur Cerise............ 2 vol.

D'HOUDETOT..... **Le Chasseur rustique**; contenant la théorie des armes, du tir et de la chasse au chien d'arrêt, en plaine, en bois, en marais et sur les bancs, par *Adolphe d'Houdetot;* suivi d'un *Traité complet sur les maladies des Chiens,* par *J. Prud'homme,* chef du service des hôpitaux de l'École vétérinaire d'Alfort. Nouv. édit., revue, corrigée et augmentée. 1 vol.

La Petite vénerie, suite au *Chasseur rustique.* 1 vol.

Le Tir au fusil de chasse, à la carabine et au pistolet, petit traité à l'usage des chasseurs................ 1 vol.

Dix épines pour une fleur (nouv. édition)... 1 vol.

Braconnage et contre-braconnage........ 1 vol.

Les Femmes chasseresses.................. 1 vol.

BICHAT............ **Recherches physiologiques sur la Vie et la Mort,** avec une introduction et des notes, par le docteur Cerise, et un beau portrait en pied de Bichat...... 1 vol.

ZIMMERMANN.... **De la Solitude,** des Causes qui en font naître le goût, de ses inconvenients, de ses avantages et de son influence sur les passions, l'imagination, l'esprit et le cœur; traduction X. Marmier, avec une notice sur l'auteur... 1 vol.

ROUSSEL.......... **Système physique et moral de la Femme,** édit. augmentée d'une notice biographique, d'une esquisse du rôle des émotions dans la vie des femmes, et de notes sur plusieurs sujets importants, par le docteur Cerise...... 1 vol.

KLEE (Frédéric)..... **Le Déluge,** Considérations géologiques et historiques sur les derniers cataclysmes du globe; édition française. 1 vol.

EMERIC DAVID.. **Vies des Artistes anciens et modernes**... 1 vol.

Notices historiques sur les chefs-d'œuvre de la peinture moderne et sur les maîtres de toutes les écoles...... 1 vol.

Histoire de la Sculpture française....... 1 vol.

Histoire de la Sculpture antique......... 1 vol.

VERDÉ-DELISLE. **De la Dégénérescence** physique et morale de l'homme **par le vaccin** et des moyens d'y remédier.....†† 1 vol.

LE MAGASIN DE LIBRAIRIE

PUBLIÉ PAR CHARPENTIER, ÉDITEUR, AVEC LE CONCOURS DES PRINCIPAUX ÉCRIVAINS.

Le Magasin de Librairie se compose, comme son titre l'indique, d'ouvrages inédits composés dans les différents genres de la Bibliographie (*Histoire, Littérature, Romans, Mémoires, Philosophie, Théâtre, Poésie,* etc., etc.).

Il est publié tous les 15 jours (10 et 25 de chaque mois) par livraisons de 160 pages grand in-8; quatre livraisons forment un volume.

Chaque livraison se vendant séparément, on peut acquérir séparément tout ouvrage du Magasin de Librairie en choisissant les livraisons qui composent cet ouvrage, d'après le catalogue ci-dessous.

Le prix de chaque livraison est de 1 fr. 25 cent. pour Paris et 1 fr. 50 cent. rendu franco dans les départements et en Algérie. — Par souscription à Paris : pour 3 mois, 7 fr. ; — 6 mois, 13 fr. ; — 1 an, 24 fr. — Dans les départements et en Algérie : 3 mois, 8 fr. 50 c ; — 6 mois, 16 fr. ; — 1 an, 30 fr. — A l'étranger le port en sus des prix de Paris.

CATALOGUE DES OUVRAGES

CONTENUS

DANS LES 28 PREMIÈRES LIVRAISONS DU MAGASIN DE LIBRAIRIE

Alfred de Musset.	L'Âne et le Ruisseau, comédie.	Livrais.	I.	1 fr.	25
—	Le Songe d'Auguste.	—	II.	1 »	25
—	Un Souper chez Mlle Rachel.	—	VI.	1 »	25
St-Marc Girardin.	Études sur l'art dramatique.	—	I à IV	5 »	25
Paul de Musset.	L'Accord parfait, comédie.	—	V.	1 »	25
—	Lui et Elle.	—	XI à XIII	3 »	75
—	Les Cent Louis de Tiberge, comédie.	—	XIX	1 »	25
Émile Saisset.	Essai de philosophie religieuse.	—	V à XIII	11 »	25
Geruzez.	Histoire de la littérature française pendant la Révolution.	—	I à VI	7 »	50
Ernest Serret.	Léon, roman intime.	—	VII et VIII	2 »	50
—	L'Égide, comédie.	—	XIV	1 »	25
—	Clémence Ogé, roman.	—	XVI à XIX	5 »	»
—	Un Ange de Charité, comédie en vers.	—	XXI	1 »	25
L'abbé Le Gendre.	Ses Mémoires (XVIIe siècle).	—	XVI à XXIII	10 »	»
C. Caraguel.	Un vieux portrait.	—	XVII	1 »	25
—	La Belle et la Bête, comédie.	—	XX	1 »	25
Alfred Mézières.	Les contemporains de Shakspeare.	—	VII à XVI	12 »	50
A. Filon.	La France et l'Autriche au XVIIe siècle		XVI à XXI	7 »	50
Daniel Stern.	La Boîte aux lettres, roman.	—	XV	1 »	25
Charles Caboche.	Étude sur Villehardouin.	—	XVI	1 »	25
—	— Joinville.	—	XVIII	1 »	25
—	— Froissart.	—	XXIII	1 »	25
—	— Commynes.	—	XXIV	1 »	25
—	— LaTrémouille.—Bayard.	—	XXVI	1 »	25
—	Mémoires du temps des Valois.	—	XXVII	1 »	25
—	— du temps de la Ligue, etc.	—	XXVIII	1 »	25
Ch. Louandre.	De l'Unité littéraire au XVIIe siècle.	—	IX	1 »	25
Jules Girard.	Thucydide.	—	X à XV	7 »	50
E. Grenier.	Prométhée délivré, poëme.	—	XI et XIII	2 »	50
Paul Mesnard.	Hippolyte Rigault.	—	X	1 »	25
A. Desplaces.	Le Retour du Tasse à Sorrente.	—	XXII	1 »	25
Bachaumont.	Sa Jeunesse racontée par lui-même.	—	IX à XI	3 »	75
Paul Boiteau.	Christine de Suède.	—	III et IV	2 »	50
De Breteuil.	Mémoires sur la Cour de Louis XIV.	—	I à VIII	10 »	»
S. de Suttières.	Les Trois Scribe, critique-vaudeville.	—	XXIII	1 »	25
Delécluze.	Les deux Prisonniers de Windsor.	—	XXIII et XXIV	2 »	50
Arnould Frémy.	La cousine Julie, roman.	—	XXII à XXVII	7 »	50
Émile Lamé.	Julien l'Apostat.	—	XXV à XXVIII	5 »	»
Patin.	Horace, sa vie et ses ouvrages.	—	XXV	1 »	25

Indépendamment de l'*Année littéraire*, par **M. Taxile Delord**, dont chaque livraison contient un chapitre.

Chacun de ces ouvrages se trouve, il est vrai, accompagné d'écrits étrangers, mais, comme la plupart d'entre eux n'auraient pas été publiés isolément à un prix moindre, l'acquéreur gagne ce qu'il trouve en sus.

Quant aux autres ouvrages qui auraient pu être publiés isolément à un prix inférieur, ils sont accompagnés, dans le MAGASIN, d'autres ouvrages complets qui ont une valeur propre que personne ne méconnaîtra.

Paris. — Imprimerie de P.-A. BOURDIER et Ce, rue Mazarine, 30.

LE MAROC

CONTEMPORAIN

Paris. — Imp. P.-A BOURDIER ET Cᵉ, rue Mazarine, 30.

LE MAROC

CONTEMPORAIN

PAR

NARCISSE COTTE

Ancien attaché au Consulat général de France au Maroc.

PARIS

CHARPENTIER, LIBRAIRE-ÉDITEUR

28, QUAI DE L'ÉCOLE

—

1860

INTRODUCTION

L'empire du Maroc renferme, sur une superficie d'environ 57 millions d'hectares, une population qui peut être évaluée à 6 ou 8 millions d'habitants. Il se divise naturellement en deux versants, dont les plans supérieurs partent de la grande chaîne de l'Atlas, l'un exposant au nord-ouest de vastes plaines coupées de nombreuses rivières, l'autre inclinant vers le sud et se perdant dans les profondeurs du désert. Grâce à cette configuration, on trouve au Maroc la série entière des climats, depuis ceux de la Norvége et de l'Écosse, jusqu'à ceux des régions subtropicales. Aussi le Maroc, dans son ensemble, est-il naturellement un des plus riches pays du monde.

C'est aussi, par une singularité unique en notre temps, une des contrées du monde les moins connues. Des données vagues, incertaines, des observations restreintes, incomplètes, sur des points ou sur des faits particuliers : voilà à quoi se résument nos connaissances sur un empire que presse notre frontière algérienne, qui touche presque à l'Espagne, à Gibraltar, un des points les plus fréquentés du globe.

J'ai habité pendant près de trois ans Tanger et Rabatt. Comme tant d'autres, j'ai dû me résoudre à combiner, jusqu'à l'heure de mon départ, d'inexécutables projets d'excursions dans l'intérieur. Ce que j'ai vu, d'autres ont pu le voir ; mais les conditions de séjour où j'étais placé ont peut-être donné à mes observations un caractère autre que celui qui résulte d'impressions fugitives.

Les événements dont le Maroc est en ce moment le théâtre détermineront sans doute en ce pays des modifications profondes, au point de vue de ses relations avec l'Europe. Sous ce rapport, la guerre que fait l'Espagne ne peut que réjouir ceux qui placent en premier ordre les intérêts de l'humanité.

Si l'on étudie l'histoire de l'islamisme en Occident et en Orient, on voit que le croissant, emblème choisi par Mahomet, figure très-exactement la marche envahissante de l'empire qu'il a fondé. Constantinople et Fez ont été longtemps, dans l'acception biblique de ce mot, les deux *cornes* menaçantes de sa formidable puissance. A ces deux extrémités du monde musulman, le croissant a été brisé par l'Europe chrétienne. La chute à l'Orient, la chute à l'Occident, présentent le même caractère. Partout, aujourd'hui, chez les Musulmans, mêmes signes de décadence, mêmes symptômes de dissolution. Au Maroc, particulièrement, la barbarie couvre d'un voile chaque jour plus épais les vestiges d'un passé qui ne fut pas sans gloire. Les liens religieux, politiques et sociaux, vont chaque jour se dissolvant. Si à l'Orient l'islamisme est un « malade, » il agonise à l'Occident. En Orient, la Russie et la Grèce, en Occident, la France et l'Espagne, battent en brèche, par le seul fait de leur voisinage, l'édifice croulant d'Omar et d'Ali. Qu'on ne se trompe pas à tout ce fracas de guerre sainte qui retentit au Maroc. De ce côté-ci du détroit, le frémissement national est un symptôme de vie et de régénération; en face, c'est le tumulte de hordes qui ont longtemps vaincu par le glaive, et qui vont être la moisson du glaive. Quelle que soit l'issue de la guerre actuelle, que le Maroc soit peu ou gravement frappé, cette secousse, comme toutes celles qui pourront suivre, ne fera que précipiter la dissolution de l'empire des chérifs, tel qu'il est aujourd'hui constitué. Le temps n'est plus où les kalifes, proclamant la guerre sainte, lançaient contre les chrétiens des multitudes aussi impétueuses, aussi terribles que les flots de la mer. La guerre sainte ne peut être aujourd'hui fatale qu'aux musulmans eux-mêmes, puisqu'elle les pousse à d'inévitables défaites, et les condamne à sacrifier sans profit et sans gloire ce qui leur reste d'énergie et de puissance. Une prophétie, devenue traditionnelle parmi les musulmans, annonce que les chrétiens assailliront un jour, un vendredi, de midi à trois heures, toutes leurs villes maritimes. De là, la coutume qu'ils observent de fermer chaque vendredi, de midi à trois heures, les portes de ces villes. Si cette attaque se produisait ; si, au Maroc, par exemple, une invasion chrétienne faisait tout à coup passer l'empire à l'état de pays conquis, les vainqueurs auraient moins à combattre et à détruire, qu'à animer d'une vie nouvelle des races plongées dans le double abrutissement des sens et de la barbarie, assises, suivant l'antique expression, « à l'ombre de la mort. »

C'est dans ce sens, c'est dans l'espoir que l'action énergique de l'Europe transformera une nation placée, par ses mœurs, par ses actes, en dehors du droit commun, qu'on doit applaudir à la vigoureuse manifestation de l'Espagne. C'est aussi dans ce sens qu'un publiciste espagnol a dit avec raison : « La condition des peuples barbaresques vivant, depuis une innombrable pléiade de siècles, sous le poids de la tyrannie et de la misère, est dure, implacable, irritante jusqu'à l'extrême ; la main qui est appelée à les subjuguer, pour les soumettre à la vie civile et les rendre traitables, doit être une main de fer, et aussi puissante *que la pression d'une spirale soutenue dans son mouvement par une roue à engrenage* [1]. »

[1] Alonzo de Valdespino.

LE MAROC
CONTEMPORAIN

CHAPITRE PREMIER

DE TANGER A DAR-EL-BEÏDA.

J'étais à Tanger depuis plusieurs mois. Je devais me rendre à Rabatt et Salé pour y résider avec un titre officiel. Les pluies ayant rendu la route de terre impraticable, je m'embarquai sur le *Pétrel*, aviso à vapeur de notre marine impériale, qui devait me conduire à ma destination.

Dès le lendemain, nous franchissions le détroit, et, doublant le cap Spartel, nous voguions en plein Océan. Le *Pétrel* longeait la côte à grande distance; la terre n'apparaissait que vaguement à travers l'éclatante ceinture d'écume qui s'élève des brisants dont elle est bordée. De loin en loin, on reconnaissait un palmier, une ruine, un dôme, points indiqués sur les cartes marines, et relevés avec soin par l'officier de quart. Seize heures après notre départ de Tanger, le *Pétrel* mit en panne devant l'embouchure de l'oued Bou-Regreg (rivière de Salé), dont les eaux, luttant avec la marée, forment une barre souvent infranchissable. Un grand nombre de capitaines marchands considèrent les mois d'été comme l'époque où cette barre est le plus accessible : des observations longtemps soutenues, et que j'ai notées avec soin, me permettent d'affirmer qu'ils sont dans l'erreur à cet égard ; les mois d'hiver offrent les mêmes chances que le reste de l'année à qui veut franchir la barre de Salé. Lorsqu'un navire se présente pour tenter le passage, le capitaine doit prêter une extrême attention au signal du pilote marocain. Si celui-ci ne paraît pas, c'est que la barre est mauvaise ; dans ce cas, le navire doit courir des bordées et rester en vue, car, d'une marée à l'autre, les conditions peuvent devenir favorables. Si, au contraire, la barre est praticable, le pilote se présente et agite un drapeau rouge. En aucun cas, le navire ne doit donner au hasard dans l'embouchure de la rivière ; car la mobilité des sables accumulés par les courants déplace fréquemment l'étroit chenal par où on arrive au mouillage. C'est au pilote seul de diriger tous les mouvements, au moyen du drapeau rouge qu'il incline à droite ou à gauche, ou qu'il élève verticalement, suivant que le navire doit gouverner dans l'une ou l'autre direction.

Au moment où nous arrivâmes devant Salé, de hautes vagues masquaient l'embouchure du Bou-Regreg. Nos signaux appelèrent vainement le pilote. Nous restâmes en vue toute la nuit, durement secoués par la houle, et attendant le jour avec impatience. La brise avait fraîchi d'heure en heure; rien n'annonçait qu'elle dût se calmer. Le commandant me proposa de continuer notre route jusqu'à Dar-el-Beïda, ville maritime située à seize lieues au sud de Salé, et de débarquer sur ce point, d'où je pourrais facilement regagner Rabatt par terre. J'acceptai son offre; et, aux premières lueurs de l'aube, le *Pétrel* reprit sa marche vers le sud. Je montai sur le pont. L'horizon, au levant, s'illuminait de reflets rougeâtres, qui bientôt se fondirent dans une étincelante vapeur d'or; la terre ondulait comme un ruban sombre derrière la ligne mouvante des brisants; on voyait d'immenses colonnes d'écume s'élever, retomber en panaches ou voler en poussière. Plus loin, les deux villes, avec leurs minarets, leurs tourelles, leurs palmiers, semblaient deux gerbes épanouies au bord de l'Océan. La haute tour de Sidi-Hassan, qu'on aperçoit de dix lieues en mer, se dressait comme un géant protecteur de ces contrées. Bientôt, je ne vis plus que la ligne rougeâtre des rochers qui bordent la côte.

Vers midi, nous arrivâmes en vue de Dar-el-Beïda. Un coup de canon appela le pilote, et je fis mes préparatifs pour débarquer. Le vent avait cessé ; la houle était tombée subitement ; le *Pétrel* se balançait à peine sur une mer calme comme un lac. Cette circonstance, qui me charmait, inquiétait le commandant : il connaissait la mer et ses perfidies ; il craignait un changement brusque, une bourrasque qui l'eût forcé de gagner le large au plus vite, le mouillage étant des plus dangereux sur cette rade ouverte, sillonnée par des courants et hérissée d'écueils. Il ne voulait envoyer à terre aucun de ses canots, et je dus attendre le pilote. Nous attendions depuis une heure, lorsque tout à coup un brouillard épais cacha la terre à nos yeux, s'avança vers nous comme un rideau et nous enveloppa si bien qu'il était impossible de rien distinguer sur le pont. On ne peut imaginer des ténèbres plus étranges. Je me penchai par-dessus le bord : je ne vis qu'un nuage : la mer avait disparu. Le *Pétrel* paraissait se fondre dans une immensité nébuleuse ; les matelots erraient à tâtons, se heurtant et trébuchant à chaque pas. Au moment où la brume nous avait envahis, on avait signalé le pilote à mi-chemin, entre la terre et le *Pétrel*, et on craignait pour lui quelque malheur. Le commandant fit tirer le canon de minute en minute, pour indiquer la position du navire. Une demi-heure s'écoula, personne ne paraissait. On fit battre le tambour, on sonna la cloche, on poussa des hourras; pendant une heure, rien n'y répondit. On crut entendre au loin quelques éclats de voix : on redoubla les appels ; c'était à rendre sourd. Les voix se rapprochèrent; on vit poindre dans la vapeur blanche quelques blancs turbans ; on distingua des formes vagues, des fantômes humains agitant leurs bras; je crus voir des ombres errantes sur les lacs infernaux ; deux mains se cramponnèrent au plat-bord, un visage barbu s'éleva entre ces deux mains, le nocher de la barque fantastique tomba sur le pont du *Pétrel*. C'était le pilote, le reïss Mohammed. Il poussa une sorte de gémissement ou de grognement en louant Dieu de l'avoir conduit jusqu'à nous sain et sauf. Dix gaillards athlétiques, au teint hâlé, à la tête rasée, tous vêtus de grossières jillaba (sorte de blouses de laine à capuchon), grimpèrent successivement par les haubans et demandèrent en chœur du *roum* (rhum) et des cigaros. Le commandant reprocha vivement au reïss Mohammed la lenteur de ses préparatifs. — « Si, au lieu de perdre une heure, lui dit-il, tu fusses venu aussitôt après mon signal, le khalifa[1] aurait débarqué avant que ce maudit brouillard vînt nous surprendre. — Senor capitano, répondit le brave reïss en un jargon à l'usage de tous les ports barbaresques, senor capitano, Dieu sait combien j'ai eu de peine à réunir tout mon monde ! combien il m'a fallu courir pour arracher ces vauriens à leur fainéantise ! Au milieu de ce brouillard, vingt fois nous avons fait fausse route, égarés par vos appels, qui nous paraissaient venir tantôt de droite, tantôt de gauche ; nous avons rasé les brisants... Enfin, patienza ! tout ira bien ; le brouillard va s'éclaircir, et nous partirons, *inch Allah !* (s'il plaît à Dieu). » — Pendant que le reïss se perdait en excuses prolixes, j'examinais avec attention cet étrange personnage, qui cumule à Dar-el-Beïda les fonctions de pilote, de capitaine du port et d'ingénieur de la marine.

Il était grand, grêle, et portait sans nulle majesté le costume des anciens capitaines corsaires ; il s'exprimait avec volubilité et d'une voix criarde ; ses petits yeux noirs, son nez très-aquilin, sa veste d'un vert pré, ses jambes maigres perdues

[1] Titre sous lequel les Arabes désignent tous les attachés aux légations chrétiennes.

dans les plis d'un ample sarouel (caleçon) écarlate, lui donnaient un air de ressemblance marqué avec certains perroquets. Il me fit admirer son sabre de cérémonie, cadeau que lui avait fait le sultan ; puis il me demanda le chemin de la cantine et engagea avec le mousse un pourparler dont je pénétrai facilement le sens.

On avait chargé la barque du reïss de tout mon bagage, et l'encombrement était tel, qu'une partie des rameurs seulement put y trouver place. On profita d'une éclaircie qui laissait voir la terre pour effectuer un premier voyage. Le pilote restait à bord. Pendant que ses hommes s'éloignaient, il leur enjoignit, avec des menaces terribles, de revenir au navire sans perdre de temps, dès qu'ils se seraient débarrassés de leur cargaison. A peine étaient-ils à cent brasses du *Pétrel*, que le brouillard revint plus dense, plus impénétrable ; reïss Mohammed entra dans une agitation qui, au bout d'une heure, touchait au désespoir. Les officiers prenaient plaisir à exciter ses angoisses.

« Le commandant, lui disaient-ils, ne peut compromettre plus longtemps son navire ; si, dans un quart d'heure, tes hommes ne paraissent pas, nous gagnerons le large et nous t'emmènerons en France.

— O Dieu ! disait le malheureux pilote, et que deviendront mes femmes ?... et ma place !... On nommera un autre reïss ! »

Puis, sa douleur prenant un autre cours, il accusait ses matelots, les chargeait de malédictions, jurait, en frappant son sabre, que le premier qui reparaîtrait en recevrait un coup terrible. Cette scène se prolongea, avec les incidents les plus burlesques, jusqu'à ce qu'enfin une nouvelle éclaircie laissa voir le bateau arrivant droit au *Pétrel*. La colère du reïss se dissipa en même temps que ses appréhensions ; il accueillit ses matelots avec des démonstrations qui n'avaient rien de farouche. Nous quittâmes le bord. Le *Pétrel* était resté sur ses feux ; nous le vîmes s'éloigner, laissant en l'air un long panache de vapeur que la brise amena jusqu'à nous.

Je cherchais vainement du regard un point du rivage qui parût favorable à notre descente. Partout de grosses roches à fleur d'eau que la lame submergeait et découvrait tour à tour ; à mon grand étonnement, les rameurs passèrent droit à travers ce dédale, et un dernier coup d'aviron poussa la barque sur un fond de sable où elle s'engagea profondément. Je sautai sur la grève au milieu d'une foule de badauds indigènes, pour qui mon arrivée était un événement et un spectacle. J'étais ravi de la facilité avec laquelle s'était effectuée ma descente. J'avais été moins heureux en arrivant à Tanger. Cette capitale maritime du Maroc est loin d'offrir le même avantage que Dar-el-Beïda : on y arrive sur une plage dont la pente, à peine sensible, laisse monter le flot à plus de cent mètres du point où la quille des embarcations reste ensablée.

Une foule de juifs sont entrés dans l'eau et se précipitent au-devant de l'esquif ; c'est à qui arrivera le premier ; ils crient, se démènent, se renversent l'un l'autre, et se cramponnent aux plats-bords. La barque chavire ; vous trébuchez ; vous êtes happé, de ci, de là, par une jambe, par un bras, par la tête ; vous êtes écartelé par ces forcenés qui n'entendent rien, qui reçoivent coups de pied et coups de poing sans lâcher prise, qui hurlent à qui mieux mieux. Les plus forts se dégagent enfin du groupe des vaincus submergés. Parfois un croc-en-jambe compromet leur victoire, remet votre sort en question, leurs épaules se dérobent sous vos reins : vous voilà de nouveau à fleur d'eau ; mais ils se relèvent, courent au rivage, où ils vous déposent furieux, essoufflé. Là, vous êtes encore assailli. « *Pagar*, *pagar à me !* à moi les felous (les.

sous) ! c'est moi qui t'ai porté ! j'ai soutenu ta jambe, j'ai soutenu ta tête, j'ai saisi au vol ton *sombrero* qui tombait à la mer ! » Si vous êtes étranger au Maroc, vous distribuez votre argent. Si vous êtes *ouled-el-bled* (enfant du pays), vous payez en coups de canne, sauf à reconnaître plus tard les prétentions légitimes.

A peine eus-je mis pied à terre, que les Arabes s'écartèrent pour faire place à deux mhkazni (soldats), précédant un groupe de quatre personnes vêtues à l'européenne : c'étaient notre agent consulaire, son neveu et les représentants de deux maisons de commerce françaises établis sur ce point de la côte pour y acheter des laines. Nous échangeâmes quelques compliments, et je suivis ces messieurs entre une haie de mhkazni. Le kaïd était absent ; son khalifa vint à ma rencontre. Nous nous dirigeâmes vers la maison de l'agent consulaire, que distinguait entre toutes un mât portant notre pavillon national.

Les villes barbaresques n'ont rien qui rappelle nos villes françaises : Tunis, Tanger et d'autres cités africaines m'avaient depuis longtemps éclairé sur ce point ; mais, cette fois, mon cœur se serra à la vue de cet amas de cabanes en ruine, de masures délabrées, de tertres immondes, qu'on décore du nom de *Dar-el-Beïda*, littéralement *Maison-Blanche.* Des bandes de chiens maigres se poursuivaient çà et là, traînant des lambeaux hideux ; des troupes d'ânes aux flancs pelés, à l'échine saignante, des chameaux accroupis, obstruaient les ruelles et nous obligeaient à des haltes fréquentes.

Nous franchîmes enfin le seuil de la maison consulaire : autour d'une grande cour carrée, dans laquelle on pénétrait par une porte basse, étaient trois pièces longues, étroites, sans fenêtres, éclairées seulement par trois grandes portes à deux battants ; les murailles étaient blanchies à la chaux ; des nattes couvraient le sol ; quelques coffres, quelques vieux meubles d'origine espagnole, une table d'auberge et cinq ou six chaises boiteuses, peintes en vert, décoraient ce logis, ce palais. Tout cela était triste, misérable : tout cela, au contraire, devait paraître aux indigènes le comble de l'opulence ; les serviteurs de la maison se montraient pénétrés d'un orgueil intime en remplissant leurs fonctions ; les voisins me félicitaient à l'envi et me vantaient la magnifique hospitalité dont j'allais être l'objet.

Je dois reconnaître que cette hospitalité fut digne de toute louange : tout fut en mouvement ; on

2.

se donna mille peines pour que rien ne fît défaut. Le soir, un véritable festin me fut offert et rassembla la petite colonie chrétienne, représentée par sept convives français, espagnols et italiens; je remarquai particulièrement un jeune homme, de vingt-cinq ans à peine, qui avait été un des compagnons de Garibaldi. —Il mourut à quelque temps de là d'un coup de soleil. — Des conserves de toutes sortes, d'excellents vins de France, et surtout les vins de Champagne, me firent oublier un instant que j'étais comme perdu sur une plage désolée, au milieu de populations sauvages, loin de tout ce qui fait le charme de la vie. Notre agent consulaire habitait depuis vingt-deux ans Dar-el-Beïda, où il achetait des laines pour le compte de plusieurs maisons de Provence; il s'était si bien accoutumé à cet exil, qui épouvantait mon imagination, que rien n'avait pu le déterminer à retourner en France; sa fortune et les fonctions qu'il remplissait lui donnaient parmi les Arabes une autorité égale à celle du kaïd de la ville; il avait presque oublié sa langue; il vivait de souvenirs; il était, en un mot, à moitié Bédouin. — Au dessert, on apporta sur la table une petite boîte à musique, et les airs de *Zampa*, *Partant pour la Syrie*, la *Valse de la reine Hortense* furent écoutés par les convives avec un recueillement extatique. On appela ensuite un négrillon du nom de Faradji.

— Voyez ce moricaud, me dit l'agent consulaire, il n'entend pas un mot de français, et pourtant il va vous chanter une romance que j'ai moi-même chantée dans mon enfance et que j'ai réussi à lui faire apprendre. Çà, Faradji, chante-nous la complainte de *Sainte Madeleine.*

Faradji roula ses gros yeux blancs, salua *à la française*, et entonna à pleins poumons, avec un accent provençal irréprochable, une complainte ou romance dont chaque couplet excitait les bravos de l'auditoire. On ne saurait imaginer une scène plus grotesque. — Ce petit monstre noir, laid, grimaçant, exprimant avec emphase, au nom de sainte Madeleine, des sentiments de repentir et d'amour mystique; les noms des *anges*, de la *vierge Marie*, du *divin Sauveur*, du *doux Pasteur*, prononcés d'un ton rauque, tantôt menaçant, tantôt lamentable; l'air ravi du digne agent consulaire, qui, de la tête, des pieds, des mains, battait frénétiquement la mesure; enfin cent nuances de ce tableau bouffon provoquèrent en moi un accès de gaieté que je ne pus contenir. Mes éclats de rire stimulaient l'amour-propre de Faradji, qui me lançait des regards inquiets, et qui suait à grosses gouttes en s'efforçant d'élever le diapason de sa voix à proportion du bruit qui se faisait à ses oreilles. Le jeune drôle finit par perdre contenance, il quitta la table, et je dus à sa retraite de ne pas étouffer.

La fin de la soirée me prouva que notre hôte n'était point dépourvu de prétentions poétiques. — Deux ans plus tard, à Tanger, je vis une lettre qui me fortifia dans cette conviction : dans cette lettre, l'agent de Dar-el-Beïda donnait des renseignements sur une épidémie qui faisait en ce temps des ravages au Maroc; il peignait en traits vifs les caractères du fléau, les souffrances de ceux qui en étaient atteints, souffrances dont la mort seule était le terme, ce qu'il exprimait ainsi : « Enfin, monsieur le chargé d'affaires, le patient, après s'être retourné sur son séant, s'envole aux éternels repos! »

Minuit devait être sonné en pays chrétien lorsque je pris congé de mes hôtes. Je me jetai sur un matelas et m'enveloppai d'une longue couverture; la fatigue me rendait heureusement aussi insensible à la dureté de ma couche qu'aux furieux aboiements d'une multitude de chiens attroupés dans les ruelles voisines. J'oubliai tout dans un sommeil profond.

CHAPITRE II

LES CHIENS. — LES ENFANTS. — UN FUSIL FRANÇAIS. — ANÊFA. — DENT POUR DENT. — LES CAVALIERS.

Je passai quatre jours à Dar-el Beïda ou aux environs, chassant, dessinant, prenant des notes, toujours suivi et poursuivi par des bandes de chiens ou d'enfants.

Je veux croire que le chien est l'ami de l'homme; mais, en Afrique, cet instinct de rapprochement se manifeste avec des allures tellement indiscrètes, que l'homme le plus débonnaire s'accoutume à considérer les chiens comme des ennemis naturels. Quand vous arrivez près d'un douar ou de quelque lieu habité, imaginez-vous que vous passez à l'état de gibier; ayez soin d'observer le vent, et dirigez vos pas de telle sorte qu'ils n'éveillent pas l'humeur guerroyante des mâtins du lieu. Autre précaution : choisissez un caillou bien anguleux, de belle apparence, ayez l'œil aux aguets, et passez sans trop de hâte. Si la fatalité déjoue votre prudence, si tout à coup éclate ce concert que vous redoutiez d'exciter, arrêtez-vous, faites face à l'orage, attendez.

— La cohue ennemie débouche d'une haie. Ce ne sont pas des chiens; ce sont des loups aux flancs maigres, aux museaux crispés, aux dents voraces. Ne baissez pas les yeux, gardez-vous de sourciller; foudroyez du regard cette tourbe. Faites mieux : distinguez le plus hargneux, et lancez votre caillou. Ici, un coup de théâtre : les assaillants s'arrêtent court. Baissez-vous comme pour amasser d'autres cailloux; ils reculent. Ils aboient de plus belle; mais vous êtes sauvé, vous jouissez de la même sécurité que la lune sereine qui, la nuit, provoque leurs concerts. Un homme, un enfant, achèvent votre délivrance en rappelant l'ennemi, qui se retire tête basse et la croupe humiliée.

Plus d'un méconnaîtra la valeur de cette indication stratégique; mais tout voyageur en Afrique la classera au nombre des renseignements utiles.

Faites bon accueil aux enfants que la curiosité attire sur vos traces lorsque vous explorez la campagne; ils ne peuvent que vous être utiles, et vous n'avez rien à redouter de leurs espiègleries. Cet âge « sans pitié » ne connaît pas encore les haines intimes, les saintes perfidies de la virilité musulmane. « Tu vas chasser? » vous diront vingt polissons à mine joviale : « *Nemchi-ou ma'ak;* allons avec toi! » Vous avancez, le fusil sur l'épaule, l'œil et l'oreille aux aguets. « *Iâ*, *Nesrani*, *shouf*, *hazerzour* : Eh ! Nazaréen, par ici, un sansonnet, un merle, etc. Tire ! et que Dieu te bénisse ! » Grâce à ces yeux perçants qui distinguent un oiseau là où vous ne voyez qu'un ensemble confus de feuillage verdâtre, vous faites une chasse miraculeuse. Les enfants, au Maroc, montrent de bonne heure les instincts des Peaux-Rouges de l'Amérique si bien peints par Cooper. Leur agilité et l'étonnante sagacité qu'ils déploient dans la poursuite de leur proie pourraient servir de modèle à nos chasseurs de dixième année. Quelque bruyants que soient leurs ébats, à peine un d'entre eux a-t-il signalé le gibier, que tous deviennent muets, s'avancent en rampant, vous avertissent du regard, s'arrêtent quand vous mettez en joue, et attendent, comme pétrifiés, le succès de l'explosion. Si vous ne tuez pas, ils n'accusent pas votre maladresse, ils chargent d'imprécations la bête échappée et la vouent à tous les diables. Si la bête tombe, ils se précipitent ; le premier qui s'en empare l'élève au-dessus de sa tête, l'achève si elle se débat, et tous examinent avec soin les blessures. Parfois, la victime agonisante s'est réfugiée dans des touffes épineuses ; un chien ne pourrait forcer cette retraite. Au risque de se mettre la figure et les membres en sang, toute la troupe assiége le buisson, rampe héroïquement jusqu'aux racines et rapporte la bête avec une explosion de cris et en louant l'adresse du chasseur nazaréen.

Les Arabes ont tous le goût des belles armes. J'avais un fusil à deux coups qu'ils examinaient curieusement, et qui passait de main en main. « Voilà, disaient-ils, un fusil magnifique : il est anglais, sans doute ? — Non, il a été fait en France. » A cette réponse, ils branlaient la tête. « S'il est français, il ne peut être bon ; tout ce qui vient de France est *falso* (mauvais). » Mon amour-propre était médiocrement flatté de ce jugement. Mais, depuis, l'expérience m'a surabondamment prouvé que cette défiance des Arabes marocains pour tout ce qui est de provenance française n'est pas un préjugé sans raison. J'ai été forcé de reconnaître que la plus insigne mauvaise foi éclate dans nos rapports commerciaux avec eux. — Trois faits, que je prends au hasard entre cent autres, éclaireront à cet égard mieux qu'une dénonciation sentimentale. Je les cite sommairement et dans leur crue vérité.

Une commande importante fut faite en France, il y a quelques années, par un négociant de Fez : il demandait quelques milliers de mètres de galon d'or fin pour les uniformes des officiers du sultan, et, si j'ai bonne mémoire, pour le sultan lui-même. Le galon reçu, payé et employé, on reconnut que l'or fin était du cuivre.

Un autre négociant de Fez commande une quantité considérable de pièces de drap bleu destiné à faire des burnous. Les échantillons avaient une largeur convenue. On fabrique le drap, on l'expédie. Les pièces reçues, payées, mises en confection, on reconnaît que le plus grand nombre diminue de largeur à mesure qu'on déroule le drap. La différence, au bout des rouleaux, était de plus de trente centimètres. Évidemment, la fabrication avait été calculée en vue de la fraude. Pas de réclamation possible, car les ballots étaient venus de Tanger par caravane, et tout contrôle cesse hors du lieu de débarquement.

Un de mes amis indigènes, négociant à Rabatt, avait fait un voyage à Marseille pour y acheter lui-même différentes marchandises; il y avait choisi du fil de coton d'une grosseur déterminée et portant un numéro de marque qui rendait toute erreur impossible. On convient que plusieurs milliers d'écheveaux de la même marque, de la même grosseur, lui seront expédiés à Rabatt. Il paye, et s'en revient au Maroc. Peu de temps après, il reçoit.

par une caravane venant de Tanger, les ballots de coton qu'il attendait. Il examine les écheveaux : tous portaient le numéro de marque de l'échantillon. Il déchire les enveloppes d'un certain nombre de ces écheveaux : à sa grande surprise, le numéro de marque unique s'applique à des qualités très-diverses. Un inventaire plus complet lui fait voir que les premiers écheveaux de chaque ballot sont seuls conformes à l'échantillon; tout le reste est trois fois plus mince et bon à mettre au rebut. Il courut au consulat de France, réclama constatation officielle et procès-verbal. On fit droit à sa requête, mais il n'en retira d'autre avantage que celui de rendre irrécusable le tort qui lui était fait.

Ces traits ne caractérisent que trop l'ensemble des transactions de notre commerce avec le Maroc. Aussi, les Anglais ont-ils gagné sans peine tout le terrain que nous y avons perdu. — « *Inglis bueno*, » disent les commerçants marocains, « *Francis falso !* » — Tandis que nous écoulions au Maroc nos marchandises avariées, et que, par des moyens que ne saurait avouer la probité la moins scrupuleuse, nous surprenions la bonne foi des indigènes, les Anglais se présentaient, moins riches de faconde mercantile, vendant sans artifice et avec une loyauté que l'expérience a rendue proverbiale. Si l'on en croit la plupart des voyageurs, les mêmes procédés, les mêmes résultats, se remarquent sur tous les points du globe où s'étend le commerce des deux nations. Ne serait-ce pas là une cause bien naturelle de l'incontestable supériorité du commerce anglais, qui de longtemps ne redoutera aucune concurrence? Le grand trait du génie commercial ne serait-il pas la probité? et la simple probité en affaires ne serait-elle pas, chez un peuple de trafiquants, la plus haute marque d'intelligence? — Je n'hésite pas à le croire.

Le but de mes excursions était surtout de reconnaître et de dessiner les ruines éparses autour de Dar-el-Beïda. Mais, si on excepte une tour ébréchée par la foudre, un bain mauresque assez bien conservé, une mosquée qui paraît n'avoir jamais été achevée, il est impossible de découvrir autre chose que des débris informes, à demi ensevelis sous le sol; et rien ne peut rappeler au voyageur qu'il parcourt l'enceinte de l'antique Anêfa, longtemps une des plus opulentes cités de cette partie du Moghreb.

Vers la fin du quinzième siècle, Anêfa lançait fréquemment des flottilles de corsaires jusqu'à l'embouchure du Tage. Le roi de Portugal résolut de châtier ces audacieux, et confia à son frère don

Ferdinand le soin d'exécuter ce dessein. Le prince passa (1468) sur la côte occidentale du Maroc, s'empara d'Anêfa, y laissa une garnison qui occupa longtemps la place. Mais des myriades de fourmis en rendirent le séjour insupportable, et comme, d'ailleurs, cette occupation entraînait des frais excessifs, les Portugais abandonnèrent leur conquête, ils détruisirent Anêfa de fond en comble. Les ruines étaient encore fumantes lorsque Jean Léon les visita. Il dit avoir trouvé le sol couvert de magnifiques fragments d'architecture. Il faut croire que le temps aura tout réduit en poussière, car aujourd'hui, parmi les décombres, on ne saurait trouver trace de quelque édifice remarquable.

Vainement les sultans du Maroc ont essayé de rendre un peu de vie à cette cité désolée. Moulaï-Abd-er-Rahman concédait aux négociants qui voulaient s'y établir des habitations et de vastes terrains; il y a fait élever des magasins pour la douane; il a nommé gouverneur de Dar-el-Beïda un de ses fils, en l'obligeant à y résider six mois de l'année. Rien n'annonce que la *Maison-Blanche* soit destinée à devenir encore un grand centre de population : une centaine de familles végètent misérablement au milieu des décombres; elles aiment mieux s'entasser pêle-mêle sous des tentes enfumées, sous des cabanes de chaume et de roseaux, que de rassembler les pierres éparses autour d'elles et en construire des abris commodes. Ces braves gens ne rêvent pas d'autre bonheur que de rester accroupis au soleil; hors de là, tout leur est peine et fatigue; ils mangent très-peu, et préfèrent les aliments qui exigent le moins de préparation. Entre tous les combustibles, ils choisissent celui qui est le plus à leur portée. La bouse sèche partout au soleil, avec d'autres immondices, et rend inabordables leurs habitations, si ce n'est aux poules et aux chiens, qui sont vraiment là en pays de Cocagne.

Je sortais avec précaution d'un passage fort étroit et tout semé d'écueils, quand, au détour d'une haie, une vieille Mauresque se trouva inopinément au point précis que j'avais choisi pour but d'un vigoureux élan. Le choc fut terrible, la femme fut renversée. Je lui tendis une main secourable : elle se releva, me secoua avec fureur et m'accabla d'injures. Elle me suivit pendant deux heures. J'eus beau m'avancer fort loin dans la plaine, marcher à grands pas en décrivant les plus savants zigzags, elle se montrait infatigable. La crosse de mon fusil la tenait fréquemment à distance. Elle inventait alors des formules inouïes de malédiction, qu'elle débitait sans reprendre haleine. De guerre lasse, je repris le chemin de la maison consulaire; elle y arriva sur mes talons. Les mkhazni ne purent arrêter le torrent de ses injurieuses apostrophes. Il fallut l'entraîner de vive force; on la garda dans sa cabane jusqu'à mon départ pour Rabatț.

Un négociant anglais de Mogador ne réussit pas aussi facilement à se débarrasser d'une femme qu'il avait, comme moi, renversée. Il rentrait en ville, un jour de marché, au moment où la porte était encombrée d'une multitude de campagnards conduisant des ânes et des chameaux. Au milieu de la foule, et nonobstant des *bal ak* (gare !) sans cesse répétés, le poitrail de son cheval heurte une vieille femme, qui tombe, puis se relève en poussant des cris aigus. Du choc elle avait eu deux dents brisées, et comme c'étaient les deux seules qui lui restassent, elle se livrait à des transports de rage. Elle suit l'Anglais jusqu'à sa demeure, et, de là, va porter plainte au kaïd, qui s'efforce de l'apaiser. Elle le somme d'appliquer la loi du talion, de faire casser deux dents au Nazaréen. Le kaïd espère que le temps calmera l'aigreur de la plaignante; il la renvoie avec des promesses. Trois jours se passent. La vieille se présente derechef; elle réclame une sentence précise contre le chrétien. « Souviens-toi, dit-elle au kaïd, que tu me l'as promis. — Eh ! répond celui-ci, me prends-tu donc pour un chrétien, que tu me croies esclave de ma parole ? » Chaque jour, pendant un mois, la vindicative Mauresque vint assiéger les portes de la citadelle. De guerre lasse, le kaïd fait connaître au négociant la plainte déposée contre lui et les exigences de la victime ; il le prie, pour en finir, de permettre qu'on lui casse deux dents, celles qu'il voudra. L'Anglais s'y refuse. La vieille est définitivement éconduite ; ordre est donné au mkhazni de lui interdire l'accès de la kasbah. « Bien, dit-elle ; puisqu'ici je ne trouve que des musulmans dégénérés, puisqu'on refuse justice à une musulmane, mère de chérifs, contre un chien infidèle, j'irai trouver le sultan ; je saurai si le prince des croyants fait, lui aussi, bon marché de la loi du prophète. »

Elle le fit comme elle le dit. Malgré son grand âge, elle traverse à pied les cent lieues qui séparent Mogador de Fez. Un jour on la voit paraître à l'audience du sultan. Elle expose ses griefs ; elle réclame, suivant le droit formel que lui donne le Coran, l'application de la peine du talion. Le sultan l'engage à se désister ; elle tient bon. Vainement on lui représente la difficulté, l'impossibilité même de faire droit à sa requête. Le consul d'Angleterre s'y refusera ; on ne peut, pour une cause aussi futile, compromettre les bons rapports qui existent avec une puissance telle que l'Angleterre. Cent autres raisons excellentes trouvent la Mauresque inexorable. On lui offre, si elle cède, une somme énorme qui lui assure une vieillesse opulente. « Qu'ai-je à faire de votre argent ? dit-elle. Je suis vieille et accoutumée à l'indigence ; ce qu'il me faut, ce sont les deux dents du chrétien, je les veux, je les demande au nom du Coran ; et le sultan, chef de l'islamisme, ne peut refuser de faire justice à une musulmane. »

Tant d'opiniâtreté plaçait le sultan dans un cruel embarras. La loi était formelle, le droit incontestable. La rumeur publique, excitée par les déclamations fanatiques de la plaignante, rendait toute transaction périlleuse. Abd-er-Rahman écrivit au consul anglais, lui demandant, comme une faveur, de décider son compatriote à subir l'opération exigée par la vieille Mauresque. Celui-ci jura qu'il n'en ferait rien. Autre lettre du sultan, qui, pour prix de sa complaisance, lui offrait des priviléges commerciaux exorbitants. Cette fois sa répugnance céda tout à coup. La vieille quitta Fez en bénissant le nom du pieux Abd-er-Rahman. Dès qu'elle fut de retour à Mogador, on cassa en sa présence deux dents au Nazaréen : elle les recueillit avec une joie féroce. Le patient, grâce aux priviléges qui lui étaient octroyés, fit en deux ans une belle fortune et quitta le pays.

La position de Dar-el-Beïda, sur la route de Fez à Maroc, en fait comme une grande hôtellerie, où arrivent chaque jour des caravanes, des soldats et tous les voyageurs qui vont du nord au sud. De toutes parts on voit des tentes se dresser ou se replier. Le soir, des groupes se forment autour des feux qu'on allume pour préparer le couscoussou. Lorsque je visitai ces campements, un nombreux détachement de cavaliers animait la scène ; ils se rassemblaient en tumulte et se préparaient au départ. On me dit qu'ils allaient rejoindre un corps de troupes destiné à châtier les habitants de la province de Sous. Ceux-ci avaient provoqué la colère du sultan par une démarche indiscrète. Ils avaient pour kaïd un certain Abdallah-Bihi, homme violent et rapace. Fatigués par ses exactions et par ses cruautés, ils s'étaient mis en pleine révolte ; ils avaient adressé au sultan une supplique conçue en termes véhéments ; elle se résumait ainsi : « Envoie-nous pour kaïd un enfant, une femme, un chien... ce que tu voudras, pourvu que ce ne soit pas un Abdallah-Bihi. » Abd-er-Rahman n'avait qu'à se louer du kaïd Abdallah : ce fonctionnaire envoyait fréquemment au trésor des sommes énormes. Pour toute réponse, une expédition avait été préparée contre les insolents. Je mentionne ce fait, parce qu'il caractérise le système de gouvernement en vigueur au Maroc.

Le costume des soldats est aussi noble dans son ensemble qu'il est simple dans ses détails : les jambes sont nues ; une robe rouge à larges manches, unie ou brodée, suivant le grade, tombe jusqu'à mi-jambe ; une ceinture de cuir rouge la serre autour des reins ; un tarbouch rouge, de forme conique, coiffe ces têtes rasées comme la *corne* menaçante des antiques Orientaux ; un ample burnous laisse à peine entrevoir la tunique écarlate. Quand ces blancs cavaliers, fièrement assis sur leurs chevaux à longs crins, passent à l'horizon, enveloppés dans un nuage de plis flottants, le plus humble parmi eux semble grand comme un César. Si on les compare à ces fashionables qu'on voit, dans nos grandes villes, parader sur leurs chevaux luisants et promener en cadence leur mesquine et bizarre silhouette, on est forcé de reconnaître que l'avantage n'est pas du côté de nos élégants ; poussez plus loin le parallèle, vous vous convaincrez que, dans notre Europe savante et industrieuse, le sentiment du beau va chaque jour s'affaiblissant; vous retrouverez, au milieu de ces populations barbares, les vestiges de la flamme antique, le souffle puissant du génie des arts et de la poésie. Tout, chez les Arabes, révèle un goût fécond et respire une grâce naïve qui sait rompre victorieusement les entraves d'une industrie grossière et éclater aux yeux les plus inhabiles : architecture, ornementation, costumes, poteries, céramique, tout est grand, ingénieux, noble, élégant. Ils ont surtout un merveilleux instinct pour combiner en mille façons les lignes les plus variées et pour en faire des arabesques délicates. Ils ont un vif sentiment des contrastes et des couleurs; ils emploient avec prédilection les plus brillantes et les plus pures : l'écarlate, le bleu céleste, le vert pré, l'oranger, le jaune vif, le violet, se mêlent hardiment dans un ensemble riche et cependant harmonieux. Ils recherchent l'éclat des broderies d'or et d'argent, les perles et toutes les pierres précieuses, les mosaïques variées et de couleurs brillantes. Ils ont horreur des vêtements étriqués, et savent porter avec majesté les belles draperies dont les plis rappellent les statues de la Grèce, les marbres de Phidias.

Quelque attrayantes que fussent mes courses aux environs de Dar-el-Beïda, j'avais hâte de me mettre en route pour Rabatt, et je ne songeai plus qu'à mes préparatifs de départ.

CHAPITRE III

DÉPART. — LES PIANOS. — FEDDALA. — MANSOURIA. — LES ZAHIRES. — UNE FANTASIA.

Pour éviter les embarras d'un voyage par terre avec du bagage, je laissai à des chameliers le soin de tout conduire à Rabatt. Il fallut, toutefois, déterminer un mode de transport pour une énorme caisse contenant un piano. Après bien des tâtonnements, je décidai que cette masse, suspendue entre deux poutres transversales, serait enlevée comme un brancard par deux chameaux de haute taille. Au passage des gués, douze hommes la soulèveraient sur leurs épaules pour la maintenir. Je partis, laissant le tout à la grâce de Dieu.

Plus tard, avant de quitter le Maroc, j'ai voulu connaître le nombre des pianos existant dans l'empire, et des informations minutieuses m'ont amené à constater que ce nombre n'atteint peut-être pas la douzaine. L'existence de onze pianos est indubitable ; je n'ai pu savoir si le douzième a été emmené dans l'intérieur ou s'il a été détruit. Si, dans un demi-siècle, quelque dilettante veut faire le même dénombrement, la statistique en tirera probablement une foule d'inductions qui échappent à ma clairvoyance. — Le premier piano dont la chronique de la côte occidentale fasse mention fut apporté à Mogador, il y a quarante ans, par un consul d'Angleterre. Il fut acheté aux enchères, à l'époque du dernier bombardement, par un négociant juif qui aimait à satisfaire toutes ses fantaisies. Ce piano doit être aujourd'hui en mauvais état; car, il y a cinq ans, son possesseur vint consulter un interprète du consulat de France pour savoir s'il n'y avait aucun moyen de rendre à l'instrument un peu de sonorité. « J'ai tout fait, disait-il, pour le bien entretenir; j'ai versé plus de dix pintes d'huile sur le mécanisme, tant à l'intérieur qu'à l'extérieur : eh bien, malgré tout cela, la plupart des touches ne rendent plus aucun son. » Le dernier piano que j'ai vu entrer au Maroc était destiné au grand chérif de Ouezzan. Ce personnage est le même qui fut reçu à Marseille, en 1854, avec les honneurs qu'on rend aux princes souverains. Pendant son court séjour à l'hôtel d'Orient, il avait eu occasion d'apprécier l'effet harmonieux d'un piano de Boisselot placé dans le salon de l'hôtel. Après son retour à Ouezzan, l'habileté de ses musiciens ordinaires fit apparemment naître en lui le désir de leur confier un *seuntir* (tel est le nom que les Marocains donnent au piano); il écrivit au premier drogman de la légation de France pour le prier d'en faire venir un de Marseille. Le premier drogman connaissait par expérience les habitudes des hauts personnages indigènes : il répondit qu'avant d'écrire à Marseille il attendrait que le chérif lui envoyât mille francs en piastres françaises (pièces de cinq francs).—On avait oublié l'incident; on était persuadé que la condition imposée au chérif le détournerait de son caprice. Mais, soit qu'il se fût piqué d'honneur, soit que son désir eût jeté de profondes racines, on vit arriver, un beau matin, un nègre portant un sac d'écus et une lettre de Ouezzan. La commission fut faite; le piano arriva. On le transporta à Ouezzan avec des difficultés inouïes, cette résidence se trouvant située au centre d'un pays de montagnes. Toutes les populations du royaume de Fez vont en pèleriuage entendre le piano du grand chérif.

Il est difficile aujourd'hui de se faire une idée précise du développement que l'art musical a pu atteindre chez les Maures policés du moyen âge. Si on en juge par l'état actuel, on est porté à croire que, sous ce rapport, ils n'ont jamais atteint le degré de perfection auquel ils se sont élevés dans d'autres arts. J'ai entendu, dans les jardins de Rabatt, un concert, un véritable orchestre, composé d'une vingtaine d'instruments dont la plupart m'étaient inconnus; c'étaient, sous des formes très-variées, des tambourins plus ou moins sonores, des mandolines à quatre, six ou huit cordes, des musettes, des hautbois et de gros tambours que des nègres frappaient à tour de bras avec des bâtons recourbés en forme de serpette. Les meilleurs chanteurs du pays, accroupis en cercle, chantaient, avec des voix nasillardes, des couplets d'amour qui paraissaient ravir en extase toute l'assemblée. Le premier sujet chantait seul un de ces couplets ; le refrain était enlevé par un *tutti* véhément. L'auditoire battait la mesure en claquant des mains, en branlant la tête avec ce mouvement cadencé des mandarins de carton dont s'amusent nos petits enfants. Tous les chants que j'ai entendus, et Dieu en sait le nombre, étaient d'une monotonie accablante; ils me rappelaient, d'une manière frappante, les chansons des pâtres de la basse Bretagne. Çà et là on y démêle quelque mélodie bien accentuée ; presque toujours on ne saisit qu'un ensemble barbare, une cacophonie exécutée comme à plaisir pour déconcerter l'oreille et fatiguer les nerfs. La réputation qu'on a faite aux mélodies orientales (le Maroc est, sous ce rapport, du pur style oriental) est, à mon sens, un des indices les plus frappants de la prodigieuse imagination des touristes : pour eux, l'Orient est bien le pays des rêves. Un Germain, un Saxon, un Flamand, y mettent-ils le pied, les voilà saisis, fascinés, hallucinés ; ils reviennent vers les froides régions : toute la fantasmagorie orientale prend corps dans leurs récits. En revanche, les Arabes se montrent, au milieu de nous, d'un prosaïsme à toute épreuve ; témoin ce chef, qui, entendant à Marseille l'opéra des *Huguenots*, et pressé de dire ce qui, dans ce spectacle, lui faisait le plus d'impression, fit cette réponse : « Une chose surtout me remplit d'étonnement... Je vois un homme qui, depuis plusieurs heures, ne cesse d'avaler du cuivre, et je ne puis comprendre où va se loger tout ce qu'il dévore. » Il s'agissait d'un trombone dont le va-et-vient perpétuel mettait la pénétration du digne chef en défaut.

Je montais un beau cheval noir à tous crins, mis à ma disposition par le khalifa de Dar-el-Beïda ; deux cavaliers oudaïs me servaient de guide et d'escorte. L'agent consulaire et son neveu m'accompagnèrent en chassant jusqu'à une lieue de leur résidence. En prenant congé d'eux, je jetai un dernier regard sur la plaine de Dar-el-Beïda. Malgré l'état d'abandon et presque de solitude où elle est depuis des siècles, une végétation puissante témoigne de sa fertilité naturelle. On sait ce qu'est la ville de Dar-el-Beïda, un amas de masures et de décombres baigné de cloaques empestés. Vue de loin, c'est, comme la plupart des villes mauresques, un joli groupe d'édifices au milieu de touffes verdoyantes que domine çà et là quelque palmier isolé.

La route traversait une plaine accidentée, couverte de hauts fenouils, de joncs, de bruyères, de grands arbres jetés au hasard ou protégeant des tombeaux dont les pierres blanchies resplendissaient sous les rayons d'un soleil ardent. Nous entendions le bruit des vagues que les dunes dérobaient à notre vue. Après cinq heures de marche, nous traversâmes à gué une rivière qui coule entre de belles collines couvertes de broussailles. Nous passâmes sous les murs de Feddala, citadelle construite en 1773 par l'ordre de Moulaï-Ismaïl, qui voulait en faire un entrepôt de blés de Temesma, dont il avait permis l'exportation. Moulaï-Ismaïl, par un de ces caprices familiers aux souverains barbaresques, retira tout à coup au commerce cette concession. Feddala dut être abandonnée aux pasteurs du pays, qui y parquent leurs troupeaux, et aux caravanes attardées qui se réfugient dans son enceinte. Chaque soir on y dresse des tentes, on y allume des feux. Une mosquée sert d'asile aux courriers et aux voyageurs qui n'ont pas d'autre abri.

Nous passâmes sans accident l'oued Enfifihk, dont le gué offre quelque danger. Le courant y est rapide, il entraîne souvent jusqu'à la mer les animaux ou les voyageurs. Au sortir de ce mauvais pas, nous traversâmes un bois tapissé de belles mousses et tout rempli du chant des oiseaux. Deux heures après, nous arrivions à Mansouria, vieux château situé sur une hauteur au bord de l'Océan. Il doit son nom à Yakoub-al-Mansour, qui, au douzième siècle, le fit construire pour arrêter les irruptions des Berbères. Comme à Feddala, des familles de pasteurs y ont élu domicile. Nous y entrâmes pour y passer la nuit. C'était, dans la vaste enceinte, un mouvement, un tumulte extraordinaires : des centaines de chameaux erraient çà et là, attendant qu'on les débarrassât de leurs fardeaux ; les chevaux hennissaient et se cabraient ; les mules, attachées par de longues files à des piquets fichés en terre, ruaient pour rompre leurs entraves ; les ânes brayaient, les poules gloussaient, les chiens hurlaient, les hommes juraient, criaient, riaient aux éclats. Ma tente dressée, un souper tant bien que mal improvisé, j'attendis, sur mon matelas, que la nuit vînt forcer à un peu de calme mon bruyant entourage. Vain espoir. A peine avais-je sommeillé pendant une heure, que les femmes se mirent à moudre le blé, à préparer le pain du lendemain : le vacarme qu'elles faisaient eût éveillé un mort. Je sortis de ma tente. La nuit était si obscure, que je ne pouvais m'orienter au milieu du pêle-mêle des tentes, des bêtes et des ballots entassés autour de moi. Le bruit que je fis en heurtant quelques amas de fagots qui roulèrent à mes pieds provoqua les aboiements de tous les chiens de Mansouria. J'eus beau rentrer sous la tente et me tenir coi, le signal était donné, le concert dura jusqu'à l'aube. Je m'abreuvai de café, je fumai sans trêve cigares et cigarettes. Nous décampâmes au point du jour, et les premiers rayons du soleil nous trouvèrent à plus d'une lieue de Mansouria. Nous étions alors sur le territoire des Zahires, tribu de pillards et d'assassins dont le nom seul fait pâlir les Arabes, les Maures et les Juifs. Des rochers blancs comme les craies de la Champagne pouilleuse y attristent les regards et donnent à tout le paysage un aspect morne et désolé.

Quelques mots sur les Zahires feront comprendre l'effroi qu'ils inspirent dans cette partie du littoral marocain. On désigne sous ce nom des peuplades féroces appartenant à la race berbère, et auxquelles, pour ma part, j'ai trouvé une ressemblance frappante avec les bohémiens de l'Andalousie. Ils ont le teint olivâtre, les cheveux longs, rudes et crépus. Tous ceux que j'ai vus étaient laids, maigres, demi-nus, et horriblement sales. Ils habitent les basses vallées du versant occidental de l'Atlas, et viennent ensemencer la terre ou faire paître leurs troupeaux jusqu'à quelques lieues de la côte. Si la force armée marche contre eux, ils se retirent dans leurs montagnes ; mais si quelque imprudent s'engage sur le territoire qu'ils occupent, il est bientôt saisi, dépouillé et soumis à une perquisition rigoureuse dont le but est de découvrir quelque piécette d'or et d'argent qu'il pourrait cacher sur lui. Les Zahires ne se font, en pareil cas, aucun scrupule d'ouvrir l'estomac et le ventre à leur victime, qu'ils supposent avoir avalé le trésor qu'elle voulait leur dérober ; ils inspectent minutieusement les entrailles. Si leur recherche est infructueuse : « C'était écrit ! » disent-ils pour se consoler ; et ils attendent philosophiquement que le destin leur apporte une meilleure aubaine. Ces faits, que nous généralisons ici, se sont mille fois produits avec des circonstances variées. S'ils se mettent en campagne, c'est pour dévaster les douars et pour piller les caravanes. Ils montent alors de petits chevaux maigres, mais rapides, sobres, infatigables. Des lévriers de haute taille, dressés à ce genre de chasse, leur sont d'un puissant secours pour mettre en déroute ceux qu'ils ont résolu d'attaquer. Leurs irruptions, depuis le douzième siècle jusqu'à nos jours, ont été le fléau de tous les sultans, qui n'ont jamais pu traverser cette partie de leur empire sans livrer des combats meurtriers. Depuis quelques années, Abd-er-Rahman a pu les contenir et protéger la route qu'ils interceptaient par leurs coups de main incessamment renouvelés. Mais il est facile de prévoir que, tôt ou tard, ce flot, plus indomptable que les flots de l'Océan, débordera de nouveau en écrasant les barrières qu'il feint aujourd'hui de respecter.

Vers le soir, nous arrivâmes sans encombre en vue de Rabatt. Nous traversions alors une plaine élevée, couverte d'herbes odorantes et qui se terminait aux murs de Rabatt. A notre gauche, les derniers feux du soleil couvraient d'un réseau mobile la surface de la mer ridée par un vent frais; à droite, les belles collines de la chaîne atlantique se fondaient dans des vapeurs irisées. La lune s'élevait; son mince croissant brillait d'une lumière pure au milieu des étoiles qui parsemaient le ciel comme une poussière étincelante. En ce moment, où la nuit et le jour échangent de vagues reflets, je distinguai au loin une troupe de cavaliers vêtus de blanc qui s'avançaient à ma rencontre; ils marchaient au pas et tous de front. Le fils du kaïd de Rabatt les commandait. Après l'échange du salam-alek, ils tournèrent bride, et nous marchâmes en silence vers la ville. A peine entendait-on le pas des chevaux sur l'herbe épaisse. Tout à coup des coups de fusil éclatèrent au milieu d'une tempête de cris horribles; un nuage de fumée vint crever devant nous, et, du milieu de ce nuage, une foule de cavaliers partirent bride abattue dans toutes les directions; la flamme de la poudre les éclairait de reflets fantastiques et faisait jaillir mille éclairs de leurs longs fusils qui tournoyaient autour de leurs têtes comme soutenus par des mains invisibles. C'était une fantasia, mais une fantasia comme je n'en vis jamais depuis. Les détonations, les cris de guerre partaient de tous côtés; un tourbillon vivant roulait autour de nous; les coups de feu partaient sous le ventre des chevaux et presque sur nos poitrines. Il arrive fréquemment que, dans cet exercice national, quelque cavalier oublie sa baguette dans le canon du fusil : aussi étais-je dans des transes que je m'efforçais de dissimuler sous une apparence impassible. La fantasia ne cessa qu'après que nous eûmes franchi la triple enceinte de la ville. Je suivis une longue et large rue bordée d'une double haie de curieux ; et, à la lumière de quelques fanaux, j'arrivai enfin à la maison consulaire, qui devait être pour longtemps mon séjour.

CHAPITRE IV

RABATT. — LA RIVIÈRE ET LES JARDINS. — PROMENADES. — ORA PRO NOBIS. — LES SALTIMBANQUES. — LES CONTEURS.

Après quelques jours consacrés aux menus embarras d'une installation, je pus enfin parcourir la ville, explorer les bords de la rivière et les magnifiques jardins, orgueil des seigneurs de Rabatt. De la ville, je ne dirais rien qui ne pût s'appliquer à toutes les grandes villes mauresques. Sa population, évaluée à vingt-cinq mille âmes, est active et industrieuse; la citadelle, bâtie au seizième siècle par les Portugais, est un monument militaire des plus remarquables; sa vaste enceinte renferme une mosquée, la maison du kaïd des Oudaïas et tout un village peuplé par les familles de cette tribu guerrière, jadis puissante et redoutée; tours et murailles sont d'ailleurs à demi ruinées, comme presque tous les grands édifices marocains. Aucun mouvement militaire n'y vient troubler les cigognes qui, perchées sur les pointes les plus élevées, passent les longues heures du jour à se trémousser sur leurs pattes et à faire claquer gravement leur long bec. Du côté de la rivière, la kasba domine des rochers à pic rongés par les courants violents de l'embouchure, et ses canons pouvaient foudroyer les navires qui eussent tenté de forcer le passage, alors que la barre n'y formait pas encore un obstacle infranchissable.

A quelques centaines de mètres de la barre, l'oued Bou-Regreg fait un brusque détour sur la droite et forme un bassin naturel où les navires trouvent une eau profonde et tranquille; à marée basse, le banc de sable reste à sec, et le bassin de mouillage offre à peine la largeur de la Seine au pont des Arts. A l'abri des tours de la kasba, s'étendent les hangars du chantier naval et les bâtiments de la douane; plus loin, la rivière baigne l'enceinte murée qui protége les résidences consulaires, le rempart du quartier juif et les ruines d'une ancienne batterie portugaise, qu'on ne peut tourner qu'au moment du reflux. En suivant la rive, on côtoie des rochers entassés pêle-mêle par quelques convulsions volcaniques et dont les interstices forment des grottes, des défilés à jour, des gorges profondes, d'où l'œil trouve des perspectives admirables sur la rive opposée; des touffes de plantes grimpantes courent en réseaux, tombent en guirlandes, enlacent les cimes fauves de cent blocs géants qui dominent tout ce chaos de pierres; des massifs d'arbustes, des arbres même ont pris racine de toute part et forment des voûtes d'un vert tantôt sombre, tantôt frais et délicatement nuancé; des milliers d'oiseaux peuplent cette solitude : ramiers, tourterelles, aigles et faucons s'envolent bruyamment à l'approche du chasseur.

On marche ainsi pendant une demi-heure, puis la scène change. Ce sont des ombrages magnifiques, des bois d'orangers, des arbres à tige élégante, des palmiers, des peupliers et des chênes. De hautes collines arrêtent brusquement le regard, et font de ce coin de terre un vallon d'où l'œil ne découvre que des cimes boisées, et, par échappées, l'immuable azur du ciel. Dans les mois du printemps, le soleil perce la voûte des bois et lance des jets éblouissants sur les pelouses où les tourterelles s'ébattent en roucoulant leurs mélancoliques appels. Sous les ardents rayons du soleil, des senteurs enivrantes se dégagent du sol et de toutes les plantes. En suivant le fond de cette vallée, on la voit s'élargir tout à coup; la chaîne des collines fuit à gauche vers le sud; à droite, le terrain remonte par une pente douce. On chemine alors entre des haies de cactus, de figuiers, d'aloès et de grands roseaux ; on traverse les jardins des riches habitants de la ville. Ces jardins sont de véritables bois d'orangers, de grenadiers et de citronniers, au milieu desquels se cachent d'élégantes villas, entourées de parterres cultivés avec soin. L'eau y circule de tous côtés par des rigoles ménagées dans le sol; des bassins profonds servent de réservoirs, et des chameaux tournent sans cesse aux manéges destinés à les remplir. La verdure des haies se confond avec celle des bois, et laisse à toutes ces retraites l'aspect d'une seule enceinte qui entoure les vieux remparts de Rabatt, comme les *lucus* des villes attiques. Il faut visiter ces jardins pour connaître l'incroyable fertilité du sol marocain soumis à la culture ; on ne se lasse pas de parcourir leurs immenses détours. Sous ce ciel resplendissant, dans cette atmosphère embrasée, les ombrages ont un charme qui fait rêver au bonheur des Élyséens. Quand ces milliers d'arbustes sont en fleur, la brise du soir porte au loin leurs parfums, la ville en est comme imprégnée; et, maintes fois, nos marins, courant des bordées au large, ont respiré avec délices les bouffées odorantes qui remplissaient leurs voiles.

Dans toutes mes promenades, je fus frappé de l'empressement avec lequel j'étais accueilli par les indigènes que je rencontrai. La plupart semblaient m'observer avec sollicitude, comme un enfant terrible dont on épie les ébats. Je connus plus tard la cause de ces procédés attentifs. Depuis nos démêlés avec le Maroc, les indigènes des villes maritimes considèrent les agents chrétiens et leurs attachés comme des otages ou comme une garantie en cas de nouvelles hostilités. A Rabatt particulièrement, où le poste consulaire était resté vacant depuis les affaires de Salé, on mettait le plus haut prix à la personne de l'agent de France, et, comme j'étais le khalifa de cet agent, j'avais naturellement part à ces bonnes dispositions. Le kaïd de Rabatt, de concert avec le pacha de Salé, avait pris des mesures rigoureuses pour qu'aucun sujet de plainte ne nous fût donné dans les limites de leur juridiction. La population intelligente des deux villes secondait parfaitement leurs intentions à notre égard. Les compagnards mêmes, à plus d'une lieue à la ronde, se conformaient à cet exemple; ils m'invitaient à entrer chez eux, m'offraient des fruits et des bouquets, et m'avertissaient avec soin des mauvais pas que je devais éviter. Une seule fois, dans la grande rue de la ville, je fus l'objet d'une démonstration qui valut cent coups de bâton au délinquant. C'était un chamelier d'une province sans doute fort éloignée. A mon aspect il s'arrêta court et s'écria : « Fils de... fille ! il n'y a pas un trou où on ne les rencontre ! » Le mkhazni qui m'accompagnait entraîna l'indiscret jusqu'au tribunal du kaïd, qui refusa de lui faire grâce, malgré mon instante prière.

Un vigneron accourut un jour du bout d'un champ pour me guider à travers ses vignes, où quelques sarments cachaient une *matmoura* (fosse profonde où les Arabes conservent leurs grains). En pays chrétien, cette indication serait considérée comme un simple devoir d'humanité ; mais au Maroc, de musulman à nazaréen, c'est de la générosité à un degré héroïque. Ces *matmoura*, dont aucun indice ne révèle les abords, sont un véritable danger pour le promeneur et surtout pour le chasseur. L'orifice, large comme ceux qui servent d'entrée à nos égouts, est fermé par quelques branches sèches recouvertes d'un peu de terre. Il n'est pas rare qu'on y enfonce tout à coup, et comme des mois, des années même se passent sans que le propriétaire des grains s'avise d'y descendre, un accident de cette nature entraîne presque toujours la mort, soit que la victime reste assommée, ou que la soif devienne son bourreau.

Il y a environ huit ans, un des principaux juifs

de Tanger partit pour un voyage qui devait durer quelques jours; on ne le revit plus, on n'en eut aucune nouvelle. Après une année de recherches sans résultat, on finit par croire qu'il avait été dévalisé, assassiné, jeté dans quelque torrent. Sa famille prit le deuil; il était oublié quand on le retrouva dans une matmoura, à quelques pas de la citadelle de Tanger. Il était couché sur un amas de blé, accoudé comme un homme qui sommeille. On le reconnut aussitôt, ses traits étaient à peine altérés. Je fus témoin des funérailles, qui renouvelèrent la douleur de sa nombreuse famille.

Un autre jour, je m'étais approché d'une *zaouïa* (chapelle) fréquentée par les Aïssaoua, secte fanatique qui se livre par dévotion à des danses extraordinaires, dont l'effet, après quelques heures, est de convertir les danseurs en autant de fous enragés et épileptiques. Arrivés à ce paroxysme, les Aïssaoua dévorent des ânes vivants, des moutons avec leur toison, des serpents venimeux, des scorpions, du verre, des charbons ardents. Un d'entre eux, il y a six ans, mit en pièces son enfant qui se présenta à sa vue; c'est du moins ce qui me fut affirmé par quelques Maures dont le témoignage sur ce point m'inspire toute confiance. Je me tenais, quoique avec circonspection, près d'une porte entr'ouverte sur une cour remplie de ces forcenés, et je contemplais leurs hideuses cabrioles. Tout à coup, trois ou quatre Maures de bonne mine m'entraînèrent avec une sorte de brutalité qu'excusait la terreur peinte sur leur visage ; ils me supplièrent d'éviter à l'avenir les abords de cette zaouïa, m'assurant que, si quelque Aïssaoui avait reconnu un chrétien, toute la troupe se serait jetée sur moi et m'aurait mis en lambeaux. Je fis par bravade une moue de dédain ; mais, peu curieux d'être happé par ces dévots carnivores, je me tins pour bien et dûment renseigné.

Une preuve frappante de l'importance que les Marocains attachent à la présence des agents chrétiens parmi eux, c'est la difficulté qu'éprouva M. de V***, notre consul, à quitter Mogador, lorsqu'une seconde expédition maritime contre cette ville paraissait imminente. Un bâtiment de guerre parti de Tanger se présenta devant Mogador avec la mission d'y prendre le consul de France, et deux drogmans de la légation se rendirent à terre pour inviter le consul à se rendre à bord. Celui-ci avait fait depuis longtemps ses préparatifs. Il arriva sur la plage, qu'il trouva couverte de soldats en armes. Le kaïd-Hadj-el-Arby, vieillard aimable et rusé, vint au-devant de lui, et, le saluant d'un air affectueux :

« Où vas-tu? » lui demanda-t-il avec une feinte bonhomie. Et, sur la réponse du consul, qu'il allait voir le commandant français, il s'écria que c'était au commandant de descendre à terre pour rendre visite au consul, et non au consul de se déranger pour aller à bord : « Je connais vos usages, ajouta-t-il, et je ne puis comprendre la nécessité d'y manquer. Tu es ici au milieu de tes amis, et nous ne pouvons souffrir que tu nous quittes sans raison. » On n'en put obtenir autre chose. Force fut à l'agent français de rebrousser chemin jusqu'à ce qu'il put enfin, en courant les plus grands dangers, se réfugier à bord d'un navire de commerce, et de là sur un des bâtiments de l'escadre, qui était alors au mouillage devant Mogador.

Il m'arriva une fois, dans un chemin creux où je venais de tuer au vol un aiglon sans expérience, d'être abordé par un Bédouin qui me salua fort civilement, me fit compliment sur mon adresse, et finit par me demander de prier Dieu pour lui. En m'adressant cette requête, cet homme me regardait avec une expression qui ne s'accordait guère avec ses paroles, et qui me jeta dans des perplexités d'où je ne sortis que longtemps après. Je finis par savoir que les dévots musulmans demandent fréquemment aux chrétiens, et surtout aux juifs, de prier pour eux. La raison de cette pratique est celle-ci : la prière d'un musulman est si agréable à Dieu, qu'il diffère sans cesse de l'exaucer afin de l'entendre répéter souvent ; la prière du chrétien, et surtout celle du juif, lui est tellement en dégoût et en horreur, qu'il se hâte d'accorder à ces mécréants tout ce qu'ils demandent afin d'être débarrassé de leur odieuse instance. On ne saurait être d'une vanité plus féroce.

Je remarquai, non sans surprise, sur la place de la Kasba, un manége peint en vert, comme ceux qu'on voit dans les fêtes populaires aux Champs-Élysées. Les enfants, les hommes prenaient place pour un *felous* (liard) dans les fauteuils, et la manivelle, mise en mouvement par deux Bédouins robustes, enlevait et abaissait alternativement les amateurs barbus ou imberbes que cet exercice mettait en belle humeur. Je vis quelques vieillards s'accroupir sur les siéges avec une parfaite dignité, et s'abandonner d'un air extatique aux molles ondulations qu'on ménageait pour eux avec un art délicat. Ce manége était évidemment de provenance française ; je questionnai quelques spectateurs, et j'appris qu'en effet il avait été apporté de Paris par un nommé Abdallah-el-Sousi, chef d'une troupe de saltimbanques qui parcourut, il y a quelques années, la France et l'Angleterre, et qui, si j'ai bonne mémoire, a donné, aux Champs-Élysées, quelques représentations.

La province de Sous, située au sud du Maroc, sur la frontière du désert, fournit un grand nombre d'hommes de cette profession. Ils se répandent dans tout l'empire et font à peu près les mêmes exercices que nos saltimbanques parisiens. La mise en scène seule diffère : les séances commencent invariablement par de longues prières, par un récitatif monotone accompagné d'une musique aigre et discordante. L'orchestre fonctionne sans relâche pendant les exercices ; la quête se fait dans les intermèdes.

Au moment où je m'arrêtais près du manége, je vis un de ces hommes, une hache sur l'épaule, appeler à grands cris les musulmans autour de lui. Sa spécialité était de se donner, pour quelques felous, des coups de hache sur le crâne. Il était hideux à voir ; la peau de sa tête rasée était fendue en vingt endroits, zébrée d'incisions béantes, qui laissaient voir l'os mis à nu ; coups et blessures étaient de bon aloi : la hache était parfaitement tranchante, le sang rougissait le fer, coulait sur les joues et sur le cou. Je n'ai jamais bien compris par quel procédé cet homme résiste à un tel exercice renouvelé sans cesse depuis dix ans et plus.

Lorsque Abdallah-el-Sousi, le chef de la troupe, revint d'Angleterre au Maroc, il débarqua à Tanger en compagnie d'une jeune Anglaise et d'un enfant: cet enfant était le sien, l'Anglaise était sa femme. Leur mariage avait été légalement contracté à Londres à la suite d'une représentation où le Marocain, très-bel homme du reste, avait enlevé le cœur de la jeune miss par des prodiges de souplesse et de force. Je n'invente pas cette histoire dont certains détails m'échappent aujourd'hui ; le lecteur curieux de s'en convaincre peut facilement se renseigner au consulat général de Sa Majesté Britannique à Tanger. Le consul anglais, informé de ce fait, fit appeler sa romanesque compatriote; il épuisa les moyens de persuasion sans pouvoir la détourner de suivre son mari dans la province de Sous, où il allait la conduire. Aux plus sombres perspectives qu'on lui ouvrit, l'Anglaise n'opposa que ces mots : « Je l'aime, il est mon mari, il se montre bon et affectueux, je le suivrai partout où il ira. » Elle tint parole et partit avec les saltimbanques. — Quelques mois après, la malheureuse se présentait de nouveau chez le consul sous les haillons d'une Mauresque mendiante ; elle était exténuée de fatigue et de misère. Tous les malheurs qu'on lui avait prédits avaient fondu sur elle. A peine engagé dans l'intérieur du pays, son mari avait jeté le masque et s'était montré un démon; elle s'était vue accablée de traitements barbares, condamnée à la plus dégradante servitude. Son origine lui ôtait jusqu'à la pitié des autres femmes, qui se montraient jalouses de tourmenter la chrétienne. Son enfant étant mort, elle avait épié l'occasion de rompre sa chaîne; elle avait pu enfin, grâce aux pérégrinations de son maître, s'échapper sans être poursuivie. Depuis plus d'un mois elle cheminait presque à l'aventure, osant à peine demander sa route aux Arabes que son accent étranger rendait soupçonneux. Le consul lui donna les moyens de rejoindre sa famille en Angleterre.

Souvent, quand j'avais à sortir de la ville, je traversais le bazar situé près de la maison consulaire; c'est une sorte de hangar aux vastes proportions, où se presse la cohue bigarrée des crieurs et des acheteurs. Plus loin, je faisais une station sur la place du marché, et j'y trouvais de tous côtés des scènes que le pinceau pourrait seul bien retracer. Comment, en effet, décrire ce pêle-mêle de guenilles et de figures étranges, cette tempête de cris, ces gestes frénétiques de gens qui, pour quelques felous, font pendant des heures assaut d'imprécations et d'atroces invectives? Qu'on se représente, au milieu d'un nuage de poussière rougeâtre et sous un soleil torride, un millier d'énergumènes circulant parmi des amas de légumes et de fruits, des groupes de poules garrottées en grappes, des moutons, des chèvres, des vaches maigres, des chameaux, des ânes et des mules. Les chiens augmentent la confusion en traînant çà et là de dégoûtantes épaves arrachées aux étaux des bouchers en plein vent. Ces bouchers, nègres et maures, égorgent dans un coin le bétail dont le sang coule sous les pieds des acheteurs, et détaillent pour chacun les morceaux qu'on leur désigne. Ici, des gens demi-nus débitent le beurre et le miel; ils plongent alternativement leurs mains grasses dans ces précieuses denrées, et les essuient de temps à autre à leurs cheveux ou à leur barbe. Ailleurs, des médecins nomades font rougir des fers à de grands brasiers, et en grillent les chairs des clients qui espèrent obtenir par ce moyen la guérison de quelque maladie. Tant de scènes, se reproduisant chaque jour sous un aspect nouveau, offraient à ma curiosité un attrait toujours aussi vif et qui me ramenait fréquemment en présence de ce tableau mobile.

Souvent, au déclin du jour, je me rendais sur la place de la Kasbah pour y contempler une autre scène où éclataient mieux encore le caractère naïf et le cachet original de cette population. A l'appel du tambour de basque, enfants, hommes, vieillards se pressaient autour d'un conteur dont la verve provoquait les rires et alléchait la curiosité de la multitude. Quand l'auditoire s'était accroupi en triple cercle, le conteur commandait le silence. Seul debout, au milieu de l'assemblée, il psalmodiait une longue prière écoutée avec recueillement; à certaines paroles, toutes les têtes s'inclinaient, toutes les voix murmuraient : « Amîn! amîn! » Puis il commençait le récit. Jamais petits-enfants ne parurent mieux suspendus aux lèvres d'une aïeule savante dans l'art de conter; tous les yeux plongeaient dans les yeux du narrateur; tous les visages reflétaient le jeu de son visage. Riait-il, le rire courait tous les rangs; menaçait-il, la menace plissait tous les fronts. Les conteurs marocains sont d'incomparables artistes : soit qu'ils veuillent remuer, par des dithyrambes religieux et guerriers, les passions héréditaires de la multitude, soit qu'ils charment par des récits merveilleux l'imagination rêveuse de l'auditoire, ou qu'ils instruisent par des apologues, ils savent déployer les ressources d'une pantomime toujours ingénieuse, simple, expressive dans le plus juste degré; leurs gestes graves, comiques, violents, toujours en parfaite harmonie avec les pensées ou avec les images qu'ils expriment, sont une expansion visible de l'âme, un langage qui touche les yeux, en même temps que la parole touche les oreilles et meut les esprits. Le costume des conteurs ajoute encore à la grâce, à la noblesse de leurs mouvements : c'est une longue draperie blanche serrée autour de la tête par une corde en poil de chameau, et dont les plis abondants, ramenés sous les bras ou rejetés sur une épaule, donnent à l'orateur un air de grandeur antique. Un orchestre presque toujours composé de tambours de basque et de hautbois fait l'office de chœurs dans les tragédies grecques, et interprète avec une rare intelligence les émotions de l'auditoire. C'est d'abord comme une basse continue au récit; puis, à mesure que l'action se déroule, les coups de tambour se précipitent ou se ralentissent, comme l'écho de sentiments violents ou de pensées paisibles. L'intensité des battements varie avec la cadence, jusqu'au moment décisif où l'improvisateur se résume en traits passionnés et poétiques. Alors, tambours et grelots mugissent et frémissent entre les doigts des artistes qui les lancent en l'air, les ressaisissent au vol, et se lèvent enfin pour recueillir dans les rangs un salaire mérité.

Le récit qui charmait l'auditoire lorsque j'écoutai pour la première fois un conteur marocain était tiré des œuvres du poëte El-Ghazali. Comme il n'a jamais été traduit, peut-être serai-je agréable au lecteur en lui offrant les prémices d'un travail que d'autres entreprendront avec plus de talent sans doute, mais non avec plus de zèle.

Le conteur disait :

« Un jeune sultan des Indes, sage et magnifique, aperçut, d'une fenêtre de son palais, une femme assise sur la terrasse d'un palais voisin. Elle leva un instant son voile, et, se voyant observée, elle se retira.

« — Quelle est cette femme? demanda le prince à ceux qui l'entouraient. — C'est, lui dit-on, la femme d'El-Nedjar, votre vizir.

« Le lendemain, le prince fit appeler le vizir El-Nedjar, lui confia une mission difficile auprès d'un sultan ennemi, et lui ordonna de partir sur-le-champ. Le vizir obéit.

« A peine eut-il quitté la ville, que le sultan, sous un déguisement, se rendit à sa maison. Il frappe. — Qui est là? dit une voix. — Esclave, ton maître est absent, je le sais; c'est à ta maîtresse que je veux parler. — Qui est là? dit bientôt une autre voix plus douce. — Moi, le sultan. La porte s'ouvre aussitôt, et Fatma, la femme du vizir, baise avec respect les mains du sultan. — Belle dame, dit celui-ci à voix basse, je vous aime et je vous supplie de m'accueillir comme un ami. — Ia-Sidi, soyez le bienvenu ; tout ici vous appartient ; je suis la plus humble de vos esclaves ; vous me comblez d'honneur en devenant mon hôte. — Belle dame, vos paroles sont à mon cœur une musique céleste ; c'est moi qui suis votre esclave, et je veux baiser vos pieds.

« Fatma conduisit le prince à travers les salles ; elle le fit entrer dans une chambre décorée avec une magnificence élégante. Il prit place sur un divan, invita Fatma à s'asseoir près de lui, et, se laissant aller à ses genoux, lui adressa des paroles de tendre enthousiasme et d'amour exalté. Elle y répondit par les saillies d'un esprit délicat, vif et enjoué ; puis elle supplia le prince d'agréer qu'on préparât un festin dont ils seraient les seuls convives. Il n'eut garde de refuser : son imagination enivrée caressait toutes les espérances. Fatma se lève, prend un livre déposé sur une tablette, et, l'offrant à son hôte : — Ia-Sidi, permettez que je donne des ordres à mes serviteurs, et que je surveille les apprêts du souper que vous daignez accepter ; je vous offre un compagnon qui charmera votre solitude. Fatma sortie, le sultan ouvre le livre; c'était un recueil de poésies et de sentences qui flétrissaient le vice et exaltaient la vertu. Deux heures s'écoulent. Fatma reparaît, elle invite son hôte à passer dans la salle du festin. Le sultan prend place, vis-à-vis d'elle, à une table somptueusement servie : quatre-vingt-dix plats d'or étaient couverts de mets dissimulés avec art sous des crèmes de diverses couleurs; la disposition de ces couleurs était si ingénieuse, qu'aucun des plats ne ressemblait aux autres. Le sultan goûta à cinquante de ces plats; tous avaient la même saveur, quoique leur aspect fût entièrement différent. Il témoigne à Fatma sa surprise.— la-Sidi, lui dit-elle alors, les femmes diffèrent entre elles par le teint, par la taille et par la parure; mais chacune d'elles est une femme, et rien autre. Vous avez dans votre harem quatre-vingt-dix femmes blanches, brunes et noires : une de plus n'ajoutera pas à vos plaisirs. Le sultan rougit, et, après un court silence : — Noble dame, dit-il à Fatma, votre sagesse couvre mon visage de confusion... pardonnez-moi... oubliez la folie d'un jeune homme que la beauté ne détournera plus de la sagesse. A ces mots, il baisa avec respect la main de Fatma, et sortit.

« A quelques jours de là, le vizir revint de son

voyage et rendit compte au sultan des Indes de la mission qu'il avait remplie par ses ordres. Au sortir de l'audience, il se hâta d'aller à son propre palais, heureux de surprendre sa femme et de lui offrir de riches cadeaux; il arrive, il s'assied sur son divan et, dans les plis de la soie, trouve une bague gravée à la devise du sultan. Il comprit qu'il avait été trahi; il dissimula la colère qui bouillonnait dans son cœur. Le lendemain, il dit à sa femme : — Fatma, mon absence vous a empêchée d'aller visiter vos parents; allez leur rendre vos devoirs. — Fatma obéit. A peine était-elle depuis une heure dans la maison de son père, qu'elle y reçoit une lettre de divorce de son mari. Sa douleur éclate à ce coup imprévu. Sa famille la presse de questions. Elle prend le ciel à témoin de son innocence; elle proteste que la rigueur du vizir est pour elle une énigme impénétrable. Quelques jours se passent. Le père de Fatma se présente au palais du sultan, à l'heure où ce prince rendait publiquement la justice. — Monseigneur, lui dit-il, j'avais un beau jardin planté d'arbres donnant des fruits exquis; je l'ai confié à votre vizir El-Nedjar, qui m'avait promis de le cultiver, de l'entretenir avec soin, à la seule condition qu'il y prendrait son repos. Il a mangé les fruits, et maintenant il laisse le jardin se dessécher et se flétrir. — Que répondez-vous à cela? dit le sultan au vizir qui se tenait près du trône. — Seigneur, cet homme dit vrai : il m'a donné un jardin magnifique que j'ai d'abord cultivé avec amour; mais un jour, en y entrant, j'ai trouvé la trace du lion; j'ai eu peur, et j'ai abandonné le jardin. — Le sultan comprit que le jardin, c'était Fatma; que l'homme qui se plaignait était le père de cette femme; que le lion, c'était lui-même, et que la trace du lion, c'était sa bague oubliée. — Ne craignez rien, dit-il au vizir; allez à votre jardin; je le connais, il est bien fortifié. Le lion, il est vrai, a rôdé aux alentours, mais il l'a trouvé inaccessible. Allez, et que la vérité de Dieu soit avec vous!

« Le vizir reprit sa femme, et, reconnaissant sa vertu, l'aima plus qu'il ne l'avait jamais aimée. »

Les récits des conteurs marocains n'ont pas toujours ce caractère classique et élevé. Sûrs de trouver écho dans tous les cœurs, ils manquent rarement de flatter les passions haineuses des vrais croyants contre les chrétiens, fléaux de l'islamisme; contre les Français, fléaux de l'Algérie. Leur moyen de prédilection est le ridicule, et c'est une arme qu'ils manient avec rudesse; ils ont un répertoire de scènes dialoguées, où le rôle que prête au Nesrâni leur verve satirique est toujours celui que les représentations du fameux Karageuz ont consacré en Orient.

CHAPITRE V

SLA (SALÉ). — LE FESTIN.

J'embrassais, de ma fenêtre, le panorama de la ville de Salé, dont la blanche silhouette se découpait à l'horizon sur un ciel tantôt bleu comme le saphir, tantôt chargé de nuées sombres ou d'éblouissantes vapeurs. Remparts crénelés, dômes, minarets blancs et roses, grêles comme les palmiers que le vent balançait autour d'eux : tel était, de ce point de vue, le riant aspect de la *ville sainte* où tant de captifs ont souffert.

Sla ou Salé fut de tout temps célèbre par le fanatisme féroce de ses habitants, par leur zèle à soutenir contre les infidèles une lutte sans trêve ni merci. Elle a toujours prétendu à une complète indépendance, et a su mainte fois la conquérir et la faire respecter. Mais aujourd'hui elle subit le sort de toutes les cités marocaines ; elle est soumise sans révolte et sans murmure au régime du plus complet despotisme, et n'a conservé d'autre puissance que le titre de ville sainte, qui lui assure encore dans l'empire une véritable suprématie religieuse.

L'Europe n'a pas oublié les corsaires de Salé et les coups de main qu'ils tentaient jusque sur nos côtes. On voit encore, scellés aux murailles de leur ville, les squelettes d'esclaves chrétiens qu'ils foulaient et emprisonnaient dans le mortier destiné aux remparts. De nos jours, on a vu les Salétins déterrer les cadavres de matelots français morts par accident sur leur rade, et jeter au loin ces restes qu'on avait enfouis dans le sable à la dérobée. Il y a dix ans, un chrétien ne pouvait songer à pénétrer dans Salé sans s'être préparé à braver les plus sérieux périls. Depuis le dernier bombardement, les chances de mort ont disparu, à moins qu'on n'admette parmi ces chances la possibilité d'être assommé par quelque brique lancée à point du haut d'une terrasse. Quoi qu'il en soit, il n'est pas encore donné à tous d'aller à Salé et d'en revenir sans accident; on peut compter ceux qui ont tenté l'aventure et qui l'ont menée à fin sans encombre.

Les chérifs les plus fameux, les docteurs les plus renommés, résident dans l'enceinte sacrée de cette ville, que tous les musulmans vénèrent à l'égal de la Mekke ou de Médine; Kaïrouan, dans la régence de Tunis, jouit des mêmes priviléges. Les sultans confient à ces docteurs et à ces chérifs le soin d'instruire un des héritiers du trône, qui fixe à Salé sa résidence ordinaire.

Salé renferme de belles et antiques mosquées, de nombreux sanctuaires, des manuscrits en grand nombre, et quelques monuments d'un beau caractère. Un aqueduc romain, et d'autres ruines imposantes dans les environs, témoignent de l'importance que les anciens attachaient à cette colonie.

Je devais rendre visite à Sidi Mohammed El-Zeneber, pacha de Salé, le même qui, en 1854, avait attiré sur lui et sur sa ville les rudes démonstrations de notre escadre [1]. El-Zeneber avait été prévenu, et son zèle, stimulé par le souvenir des boulets français, avait tout disposé pour que rien, de la part des habitants, ne vînt donner motif à de nouveaux griefs. Je traversai la large rivière qui sépare Rabatt et Salé; arrivé sur la rive ennemie, j'enfourchai une mule amenée à ma rencontre, et je m'acheminai vers la principale porte de

[1] J'étais attaché à l'agence de France à Rabatt et Salé, et j'accompagnais l'agent dans cette visite, destinée à renouer les rapports pacifiques rompus par le bombardement. Si je parle de moi seul, c'est que je raconte mes impressions personnelles et non celles de l'agent, objet principal des honneurs qu'on nous rendit.

la ville, distante d'environ un kilomètre. Zeneber avait envoyé une forte escorte. En voyant le soin qu'elle mettait à m'entourer, je ne pouvais garder aucune illusion sur la cordialité et la courtoisie que j'allais rencontrer dans ces murs. Une nuée de chaouches, armés de bâtons, s'ébranla et partit en tête du cortége; d'autres protégeaient nos flancs; quelques cavaliers formaient l'arrière-garde. Nous avions à passer entre une double chaîne de monticules sablonneux, et je jugeai tout d'abord des avantages que cette position allait offrir aux nombreux polissons qui en couronnaient les crêtes. Je pensai aux Thermopyles, à saint Étienne, premier martyr, aux fourches Caudines. A peine engagé dans le défilé, je vis avec terreur une grêle de projectiles décrire en tous sens des paraboles dont évidemment je devais être tôt ou tard le point extrême. Alors commença pour moi le manége ridicule que j'avais prévu : ma tête et mes épaules ondulaient sans relâche pour échapper aux projectiles. J'eus lieu d'apprécier en ce moment l'habileté des dispositions stratégiques de l'escorte. Aux premiers signes d'hostilité, trente chaouches avaient escaladé les monticules, écartant, par de triomphants moulinets, les pierres qui tombaient dru comme grêle, et dispersant avec des cris et des menaces terribles le gros des assaillants. L'orage, bientôt dissipé par cette manœuvre, allait se reformer plus loin, et nous promettait angoisses sur angoisses. Nous allions franchir le seuil de la ville, et nous engager dans des ruelles longues et étroites, bordées de maisons dont les terrasses disparaissaient sous des milliers de spectateurs. La première scène du pèlerinage ne me laissait pas sans inquiétude, et j'avoue que je ne pus m'empêcher d'enfoncer ma casquette jusqu'aux yeux, lorsqu'enfin ma mule atteignit aux premières maisons des faubourgs. Je fus un peu rassuré en remarquant que les maisons étaient toutes basses et sans étages, et que chacune d'elles était gardée par un soldat dont l'œil attentif exerçait sur les terrasses la plus active surveillance. J'appris plus tard que le pacha, dès la veille, avait annoncé aux habitants que, si l'un d'eux proférait la moindre insulte ou se rendait coupable d'aucune agression, un châtiment terrible frapperait toute la maison du délinquant. Un silence à peine troublé par quelques rumeurs régnait sur notre passage. Les femmes regardaient avec avidité ces Nazaréens, que le plus grand nombre d'entre elles n'avaient jamais entrevus. L'œil unique qu'elles découvraient flamboyait soit de terreur, soit de haine, sous les plis de leurs haïks. Elles chuchotaient avec des gestes vifs et des exclamations sourdes; elles nous montraient du doigt aux enfants effrayés qu'elles cachaient dans leur sein et sous leur voile. Les hommes étaient muets et comme pétrifiés; leurs regards pesaient sur nous sombres et acérés. Je levais de temps en temps les yeux, et ceux qui craignaient le *mauvais œil* se reculaient frémissants. Quand nous arrivions à l'angle de quelque ruelle, nous étions assaillis au passage par les mêmes projectiles qui avaient salué notre apparition sur la plage. Les pères n'osaient braver la colère du pacha; mais ils armaient leurs enfants et les excitaient contre nous, espérant que leur âge les mettrait à l'abri de toute répression. Je vis un de ces bambins sortir d'une porte basse, poussé par deux mains de femme qui disparurent aussitôt. Il pouvait avoir trois ou quatre ans; sa petite tunique, qu'il relevait d'une main, était pleine de pierres et d'ordures de toutes sortes : ses jambes fléchissaient sous le poids. Il ne nous croyait pas si près, et il était sorti pour épier notre passage; lorsqu'il nous vit, sa petite main laissa échapper une lourde pierre qu'il élevait en roulant des yeux effarés. Je me penchai sur ma mule, et fis mine, en riant, de lui cingler légèrement les mollets d'un coup de cravache. Le pauvre petit pensa certainement que j'allais le saisir et le dévorer. Il parut frappé de terreur, et se roula dans la poussière, entre les jambes de ma mule, en poussant des cris affreux. Un soldat le ramassa et le rejeta dans la cour d'où il était sorti. Au détour d'une rue, une orange passa devant mes yeux comme un météore, et j'en sentis au vol le parfum. Plus loin, une figue noire frôla mon épaule et alla s'écraser sur le fez rouge d'un chaouche. Je suis désolé de n'avoir à noter aucun incident plus tragique ; mais j'ai promis d'être simplement vrai, et tel je suis, au risque de n'être point émouvant.

J'arrivai enfin à la maison du pacha. Cette maison, ou plutôt ce palais, offrait aux regards ce que l'architecture mauresque a inventé de plus riche et de plus élégant. Le pinceau pourrait seul retracer la hardiesse et la légèreté des colonnes qui soutiennent cet admirable édifice. Les artistes maures ont encore le secret d'imprimer le sceau de la grandeur aux constructions les plus exiguës. Sous leurs mains, tout se tourne en arabesques, en profils pleins de grâce, en lignes nobles et ingénieusement enlacées. Le pavé des cours et des terrasses forme des mosaïques régulières d'une agréable variété de couleurs sombres ou éclatantes. Les boiseries sont couvertes de fines sculptures; les plafonds sont des stalactites d'azur ou de vermillon, d'où l'or jaillit en cristallisations légères, et emprunte à une lumière capricieuse de mobiles étincelles. Un jet d'eau retombe en pluie fine dans une vasque de marbre blanc, et répand la fraîcheur dans la douce obscurité des galeries et des retraites qu'elles protégent.

Le pacha était indolemment étendu sur un tapis aux couleurs brillantes. Des coussins de soie le soutenaient et gémissaient « sous sa molle épaisseur. » Il était gras, obèse; sa figure offrait le plus beau type de cette race opulente qui se flatte d'avoir pour ancêtres les Zégris ou les Abencérages. Ses traits étaient réguliers; ses yeux noirs et veloutés étincelaient comme deux étoiles; sa barbe, d'un beau noir, descendait en ondes légères sur sa poitrine. Son teint clair et fleuri, ses mains blanches et potelées, tout en lui accusait une paresse et des loisirs héréditaires. Une fine odeur d'ambre et de musc s'échappait des plis de son haïk, et le benjoin, brûlé dans une cassolette, l'enveloppait d'un nuage embaumé.

Zeneber, dans le cours d'un long entretien, se donna beaucoup de mal pour paraître affectueux et empressé. Il riait fréquemment d'un rire saccadé, beaucoup trop bruyant pour être sincère, surtout quand on vint à parler des dernières affaires que ses lenteurs sournoises avaient provoquées à Salé. Un grand nombre de chérifs et de personnes de distinction se tenaient discrètement à distance autour de nous; quelques-uns vinrent s'accroupir aux côtés du pacha, et exprimer leur désir de voir la bonne intelligence régner toujours entre les Salétins et les puissances chrétiennes. Je me disposais à prendre congé, quand le pacha m'invita de la main à rester, et donna des ordres à voix basse aux esclaves accourus à son signal.

Avant de quitter Rabatt, j'avais fait un copieux déjeuner. Quel ne fut donc pas mon effroi quand je vis apparaître deux chaouches apportant à pas comptés une immense manne couverte d'un chapeau conique en feuilles de palmier tressées. Après eux, deux autres canéphores barbus déposèrent sur le pavé un semblable fardeau; puis vinrent d'autres mannes plus petites. J'en comptai six, et la vapeur qui s'en échappait commença mon supplice. Les couvercles enlevés, mon œil désolé put envisager les épreuves que j'allais avoir à subir. Tous les mets dont se compose la cuisine mauresque étaient là fumants, et je supputais avec désespoir les coups de dent qu'il me faudrait donner pour faire honneur à ce festin barbare. J'arrivai à cette conviction qu'en goûtant à peine à chaque mets, il me restait en perspective un déjeuner deux fois plus substantiel que celui que j'avais fait avant mon départ de Rabatt. Il fallait cependant faire bonne contenance. Je tâchai d'exprimer, par mes regards, une contemplation béate, et je fus d'autant plus abondant en compliments que je me sentais peu capable de prouver autrement ma satisfaction. Il s'agissait d'attaquer le premier plat. Dans un large vase de terre, quatre poulets rissolaient sous une mare d'huile presque bouillante. Je saisis délicatement une cuisse dont le bout surnageait, et j'enlevai un mince filet de chair que je portai à mes lèvres. « Mange donc! » me disait Zeneber, et il m'inondait d'eau de rose en secouant sur mes habits et sur mes mains de longs flacons. Je m'excusai sur l'absence des fourchettes et des couteaux, sans lesquels nous ne mangions jamais. « Qu'à cela ne tienne, » fit-il en souriant, et il ordonna à un de ses officiers de me tirer d'embarras. Je vis alors une chose dont le souvenir même me remplit d'étonnement. L'officier s'accroupit en face de moi, plongea sa main dans l'huile, et ramena un poulet dont il fit à l'instant vingt morceaux avec le seul secours de ses ongles tranchants. « Mange! » me disait-il en présentant ces morceaux à ma bouche. L'huile ruisselait sur ma barbe et me suffoquait; le cœur allait me manquer.

« Mange ! » me disait aussi le pacha. Sa face réjouie, ses yeux petillants de gaieté, sa belle humeur, son air de satisfaction, tout en lui m'irritait. Ce fut peut-être à cette excitation sourde que je dus de traverser victorieusement l'épreuve. Je fais grâce au lecteur de plus amples détails. L'huile rance, le beurre fort furent la sauce de tous les plats auxquels je goûtai. Le poisson, le mouton, les œufs, et surtout le couscoussou national, combinés de vingt façons ingénieuses avec le sucre, le piment rouge et vert, le miel, les tomates, sont la base de tous les festins indigènes. — Le thé, dans lequel on infuse des feuilles de menthe ou de lavande, est prodigué sans mesure. L'usage des serviettes est absolument inconnu ; aussi, les ablutions finales sont-elles de première nécessité.

Je pris congé du pacha, et, au sortir de sa maison trop hospitalière, je me retrouvai avec bonheur au grand air de la rue. Avant de quitter la ville, j'allai visiter un jeune Maure qui avait fait récemment un voyage en France, et qui, au grand scandale de ses dévots amis, en avait rapporté des curiosités qui faisaient son bonheur. Quand je pénétrai dans sa cour, toutes les femmes étaient renfermées dans des chambres dont les portes entrebâillées laissaient entrevoir quelques têtes curieuses. Voilà le chrétien, se disaient-elles : regarde-le! Les chambres étaient décorées avec un luxe élégant. Ben-el-hadj-Kassem, notre hôte, nous fit remarquer avec un air de satisfaction enfantine une vingtaine de poupées rangées avec soin sous des globes de verre, et représentant des marquises, des bergères et des danseuses. Je vis aussi des chiens en carton, que Hadj-Kassem faisait japper furieusement, et une bergerie des Alpes avec ses petits arbres verts bien frisés.

Je quittai la ville avec la même escorte qui m'y avait amené; mais, cette fois, elle était silencieuse et déserte comme une ville abandonnée depuis longtemps. El-Zeneber avait prescrit aux habitants de se renfermer soigneusement dans leurs maisons, eux, et surtout leurs enfants. Je pus donc méditer à l'aise sur les principes culinaires dont je venais d'être victime; mais je ne me sentis satisfait que lorsque mes rameurs eurent mis la rivière entre moi et mes bourreaux.

Le pacha de Salé s'est toujours montré, depuis cette matinée, très-zélé à donner satisfaction aux Français qui lui adressaient quelque réclamation.

Des Salétins avaient coupé pendant la nuit le câble d'un de nos navires : l'agent de France se plaignit. Zeneber envoya un de ses hommes avec ce message : « Combien de mains exiges-tu qu'on t'apporte sur un plat ? Je ferai couper celles des gens qu'on verra rôder autour de vos ancres. »

CHAPITRE V

SPLEEN. — UNE VISITE. — LA CHASSE AUX POISSONS ET LA PÊCHE AUX RATS. — LE CABOTEUR.

Quelques semaines m'avaient suffi pour connaître parfaitement les rues et les carrefours de Rabatt, les détours de ses jardins, les sentiers et les ravines qui se croisent autour de sa vaste enceinte. A mesure que ma curiosité trouvait moins d'aliment, l'ennui me gagnait; la tristesse envahissait mon cœur comme un brouillard et paralysait en moi toute énergie; je me sentais presque captif au milieu de cinquante mille barbares que j'avais bien de la peine à considérer comme des frères. Les quelques compatriotes qui partageaient mon exil étaient eux-mêmes absorbés dans un marasme dont je fuyais la contagion. Dans cet état, l'échange des idées se bornait entre nous à de vaines questions qui restaient sans réponse, ou que suivaient des réponses à long terme, souvent bouffonnes, tant elles décelaient la déplorable inanité de notre intellect. Qu'on me pardonne deux citations : — Il pleut, dis-je un soir, en ouvrant mon parapluie. —

Mon compagnon de promenade ne dit mot, et continue près de moi sa marche automatique. — La pluie redouble. — Il pleut *également,* dit-il enfin en ouvrant son parapluie. Un autre jour, l'infortuné est troublé dans sa sieste par une salve de 21 coups de canon, partie d'un bastion voisin. Il compte les coups. — Pourquoi, dit-il, 21 coups, et non pas 20 tout sec? — C'est pour être plus sûr qu'on en a tiré 20. — C'est juste... (ici, une pause); de même... si on voulait être sûr de n'en pas tirer du tout... il en *faudrait tirer un.*

Exil, ce sont là de tes coups!

J'envisageais avec découragement la succession des semaines, des mois, des années peut-être, qu'il me fallait passer dans cette condition. Les lettres que de temps à autre je recevais de Paris ne m'apportaient un instant de joie que pour me replonger dans des rêveries plus douloureuses. Je sentais alors par combien de liens ignorés la patrie tient à notre cœur. Au milieu de la foule indigène, l'ombre d'un cocher de fiacre, d'un garçon de banque, d'un croque-mort, eût inondé mon âme de tendresse. Tout me devint odieux; je n'aspirai plus qu'au sommeil, aux ténèbres, à l'inertie; je passai les longues journées enfermé dans ma chambre, étendu sur une natte, insensible aux piqûres des *aiguilles volantes* (moustiques) dont ces climats sont infestés. Après un mois, le mal ne fit qu'empirer : je perdis l'appétit et le sommeil ; je sentis enfin les atteintes du spleen dans toutes ses horreurs. Vainement je cherchai dans la chasse quelque diversion ; les promenades m'étaient insupportables, le spectacle d'une nature radieuse accablait mon imagination flétrie et ne laissait en moi que des impressions cuisantes. Une chauve-souris clouée à un poteau, la face au soleil, doit endurer un supplice analogue à celui qui m'était alors infligé.

Je subissais une épreuve funeste aux deux derniers agents consulaires de Rabatt. L'un d'eux, sous l'influence du spleen, s'était précipité du haut d'une terrasse dans son jardin ; il survécut à sa chute, mais on l'emmena fou à Tanger, et de là en France. Son successeur eut le même sort ; il quitta un jour la maison consulaire, s'en alla au loin sur la plage, et creusa dans le sable un trou dans lequel il s'ensevelit jusqu'au cou ; la mule d'un Maure qui rentrait en ville au crépuscule fit un écart devant cette tête aux yeux hagards, et sauva ainsi le pauvre diable, qui eût été infailliblement couvert par la marée ou dévoré par les chiens.

Dans cet état singulier de prostration et d'atonie, vouloir est toute la question. Dès l'instant où ma volonté put être sollicitée, je sentis se desserrer la griffe du cauchemar qui depuis deux mois m'oppressait; mon activité engourdie s'éveilla tout à coup et brisa les liens étranges qui m'avaient enlacé. Je constate ce phénomène sans chercher à l'expliquer.

Je reçus à cette époque une visite que j'étais loin d'attendre. Un matin, on frappa discrètement à ma porte, et je vis entrer un Maure vêtu de rouge, de vert et de blanc : c'était le reïss Mohammed, le *Perroquet*, comme l'avait baptisé l'état-major du *Pétrel*. La mine du digne fonctionnaire était on ne peut plus piteuse. Je ne reconnaissais plus ce maintien superbe, ces gestes de matamore que j'avais admirés à Dar-el-Beïda. Quelques explications me rendirent raison de ce changement. Le reïss Mohammed était déchu de son rang ; une mère sans entrailles, cédant à des scrupules de conscience, n'avait pas craint de le dénoncer comme ivrogne au kaïd, qui avait prononcé sa destitution. Tourmenté par le remords, pressé de jeter le fardeau de ses iniquités, le reïss Mohammed avait déclaré qu'il allait se joindre aux Hadj et partir pour la Mekke. Plein de confiance dans l'efficacité rétroactive de son pèlerinage et des génuflexions qu'il devait faire autour de la Kaaba, il me demanda si je n'avais pas à lui offrir un verre de vieux rhum. J'exhibai une bouteille à demi pleine du breuvage impur ; il en remplit un bol qu'il vida en clignotant des yeux. Il me demanda aussi, en souvenir de l'amitié qui nous liait, une paire de bas. J'ouvris une armoire : il examina, avec le soin minutieux d'un brocanteur juif, les bas de laine ou de coton que je plaçai sous sa main ; longtemps son cœur balança entre le tissu solide et souple de la laine et la trame moelleuse du coton : il se détermina pour *l'un et l'autre*. Je refusai. Nouvel examen, nouveaux tâtonnements. Le coton rayé fut vainqueur : les raies rouges étaient irrésistibles. — Remarquons ici que l'usage des bas est très-apprécié au Maroc, mais on n'ose l'adopter. Les aïeux allaient jambes nues : on craint de se christianiser en s'écartant de la coutume des aïeux.

Le reïss Mohammed couvait d'un œil cupide une chaise verte, chaise de cabaret de province, chargée de plantes marines dont je faisais collection. Il me dit que je le comblerais de joie en lui permettant d'emporter ce siége pour l'offrir au sultan. Je coupai court à ses instances en lui annonçant que je voulais moi-même l'envoyer en cadeau à Sa Majesté.

Mais ce qui excita au plus haut point l'admiration et la convoitise du reïss, ce fut un petit poisson d'or articulé que je portais en breloque, et dont la queue frétillait au moindre contact. Je me débarrassai des obsessions du reïss en lui représentant cet objet comme un talisman bon aux chrétiens, funeste aux musulmans. Cette explication eut son effet immédiat : Mohammed retira ses doigts comme s'ils eussent touché du feu.

Cette crédulité enfantine des Arabes sauva la vie à un contrebandier anglais attaqué par six voleurs aux environs d'Arzila. Cet homme, bien connu au Maroc, portait perruque. Après une lutte désespérée, il était près de succomber, quand tout à coup, par une inspiration soudaine, il fait un bond en arrière, étend les bras, et d'une voix sinistre :

« Que le diable déracine vos barbes et leur fasse prendre le chemin de ma chevelure ! »

D'un geste il avait arraché sa *chevelure;* il la jeta aux pieds des assaillants, qui s'enfuirent, pressant leur barbe à deux mains et poussant des cris affreux.

Une autre perruque jeta l'effroi dans l'âme de deux *rekâss* (courriers) indigènes employés par le consul général de France, qui cherchait à obtenir d'eux quelques renseignements, et qui avait de bonnes raisons pour suspecter leur véracité. Dans le cours d'un colloque embarrassé de réticences, ces deux hommes paraissaient distraits ; leurs regards se portaient fréquemment sur une boîte de carton dont le couvercle soulevé laissait entrevoir une perruque brune posée sur une tige et destinée à quelque étude de peintre.

— Consul, dit enfin un des courriers, *ash nou hada* ? (qu'est-ce que cela ?)

— Peuh ! fit le consul, ce n'est rien... la tête d'un courrier que j'ai fait décapiter pour m'avoir donné de fausses nouvelles.

Les deux rekâss blêmirent, roulèrent des yeux hagards, se glissèrent vers la porte en se heurtant à tous les angles, et disparurent sans attendre leur salaire. De longtemps on ne les revit à Tanger.

Je congédiai le reïss Mohammed, après avoir esquissé son portrait à l'aquarelle.

Je sus bientôt trouver des occupations qui me rendirent plus rapide la succession des journées, et des distractions qui remplissaient agréablement mes loisirs.

La fenêtre de ma chambre donnait sur la rivière; aux heures de la marée montante, les vagues battaient le mur de la maison, et des milliers de poissons se disputaient sous mes yeux les miettes de pain que je leur jetais à pleines mains. Leurs rangs étaient bientôt si pressés, qu'on eût cru voir un banc d'ardoise à fleur d'eau. Je tirais alors, au plus épais de la bande vorace, un coup de fusil à petit plomb et sans bourre. Morts et blessés bondissaient hors de l'eau et flottaient à la surface, où leurs ventres argentés brillaient parmi l'écume des lames. Je me laissais glisser jusqu'à eux par une échelle de corde, j'entassais les victimes dans un panier, et je remontais à mon poste pour y attendre le retour de la bande dispersée.

A la marée basse, de gros rats sortaient des trous de la muraille et venaient grignoter les épaves laissées sur le sable par la vague ; c'était pour moi l'heure des vives émotions. Deux ou trois lignes soigneusement amorcées pendaient en dehors de ma fenêtre. Les hameçons, que je fabriquais avec un art tout particulier, étaient disposés de telle sorte, qu'un rat qui s'y fût pris était un rat perdu sans ressource. Je ne puis dire avec quelle patience inouïe, avec quelle profondeur, je calculai pendant plusieurs semaines mes combinaisons stratégiques. Le succès trahissait chaque jour mes espérances opiniâtres. Cent fois, l'œil collé aux vitres, je suivis les évolutions de beaux rats à croupe luisante qui flairaient les succulents morceaux habilement jetés sur leur passage :

tous, après mûre réflexion, prenaient le parti du dédain, passaient et repassaient sans souci de l'appât. Une seule fois, un raton mordit au piége; je le couvais d'un œil féroce; j'enlevai doucement la ligne : un soubresaut convulsif rompit le fil à mi-chemin. L'étourdi s'en alla sûrement conter l'aventure à toute sa nation, qui n'en fut que mieux sur ses gardes. Je dus renoncer à la pêche aux rats.

Pendant les nuits de tempête, le grondement monotone de la barre se changeait en roulements puissants, saccadés par de brusques détonations; le vent brisait la crête des vagues, dispersait l'écume à flocons et en fouettait mes vitres qui se couvraient de cristallisations brillantes. Le matin, j'étais réveillé par les cris des oiseaux qui couvraient la plage, par le bruit des tanneurs qui battaient des peaux sur les rochers, par les voix perçantes des laveuses rangées en longue file au bord de la rivière. La scène s'animait : une foule de voyageurs débouchaient de la porte de Rabatt, traversaient en bateau l'oued Bou-Regreg, et défilaient sur l'autre rive le long de la muraille de Salé.

Je me plaisais surtout à voir l'embarquement des animaux, qui attendaient en troupes nombreuses qu'on les aidât à cette difficile opération. On commençait par les décharger, on plaçait leurs fardeaux à l'avant et à l'arrière des bateaux; puis, comme la rivière n'a pas de quai, chaque bête, pour entrer dans la barque, devait exécuter un bond périlleux. Les chameaux se prêtaient avec beaucoup de grâce à cette manœuvre; les chevaux et les mules s'élançaient résolûment et retombaient fermes sur leurs jambes. Quant aux ânes, on ne parvenait à les hisser qu'à leur corps défendant : à tous les efforts, aux cris, aux coups, ils opposaient une complète inertie; on ne les embarquait que membre à membre, au risque de leur rompre les jarrets; quand les pieds de devant étaient dans le bateau, deux hommes soulevaient le train de derrière et le faisaient passer par-dessus le bord : « *Rah! sidi, iallah!* » criaient cent voix aux oreilles de la bête : « Allons monsieur, du courage! » Mais le monsieur n'était guère sensible à ces exhortations polies.

Les mois d'été amenèrent en rivière un grand nombre de navires marchands, la plupart provençaux. J'eus ainsi occasion d'étudier le *caboteur provençal*, et je ne saurais douter que ce type ne soit un jour illustré par la bonne et classique comédie.

Le caboteur provençal appelle volontiers un rat un rat; mais, à ses heures, il est capable de polir son langage; il ne dédaigne pas l'ingénieuse recherche d'une comparaison; témoin l'un d'eux : qui, invité par un consul à passer le premier au salon, s'en défendit en ces termes : « Mon consul, je n'en ferai rien... Je suis comme le chameau du désert : il faut toujours que l'âne *il* me passe devant. »

Le caboteur provençal est polyglotte; il ne connaît à fond aucune langue, il les parle toutes par *à-peu-près*. Quelques exemples, pour la langue arabe, donneront une idée de son procédé :

L'ARABE. — *Ash halek, kheir, ash enté.*

LE CABOTEUR. — *Vache à lait, traire, va chanter!*

L'ARABE. — *Al hamdoullah, allah y barek fîk.*

LE CABOTEUR. — *Y a de l'andouille là, y a là un baril de figues.*

L'ARABE. — *Ash kan ou ash ma kan?*

LE CABOTEUR. — *Ai-je ma canne ou ai-je pas ma canne?*

C'en est assez pour prouver mon assertion. On excusera ce que ces citations paraissent avoir de grotesque en faveur de l'intérêt que pourront y trouver les partisans de la mnémotechnie.

Enfin, le caboteur provençal est très-dévot à saint Hubert, bien que ce saint ait été homme du Nord. A peine a-t-il touché le rivage, qu'il descend, armé de son fusil, et foudroie tout ce qui offre apparence de gibier. Je cite un exemple entre cent. Un beau matin, le *Suffisant-Isidore*, brick-goëlette venant de Cette, franchit à pleines voiles la barre de Rabatt et jeta l'ancre à l'ombre de la Kasba. Pourquoi ce navire avait-il nom le *Suffisant-Isidore?* c'est ce qu'il n'est pas inutile d'expliquer. Voici ce que m'apprit le capitaine, que je questionnais à ce sujet. Le navire avait primitivement été appelé *Isidore,* tout comme le fils unique de son propriétaire, lequel propriétaire était le capitaine lui-même. Quelques voyages lucratifs permirent au marin d'acheter un bâtiment d'un plus fort tonnage. L'affaire était à peu près conclue, quand tout à coup le digne homme fut frappé d'une réflexion philosophique qu'il exprimait ainsi : « L'ambition perd l'homme!... Sachons nous contenir... Tout bien considéré, ce navire me suffit! » Et il garda son navire, qui devint le *Suffisant-Isidore.*

Dès le lendemain de son arrivée, le capitaine résolut de tuer quelques pigeons sur les rochers de la Kasba; il saute à terre, avise un point bleuâtre entre deux créneaux ruinés, et fait feu. Bien qu'il fût borgne, il avait frappé juste. En un instant, il eut escaladé roches et murailles; il se précipite sur sa victime... sur un enfant de cinq ou six ans, qui se roulait à terre en poussant des cris lamentables... Notre caboteur avait pris pour un pigeon le capuchon du burnous bleu dont l'enfant accroupi était enveloppé. Par un hasard déplorable, ce pauvre petit était le fils du kaïd des Oudaïas ; il avait le visage criblé de petit plomb, le sang l'aveuglait. On accourt, on enlève le blessé, on le porte à sa mère, qui le croit mourant, et se livre au désespoir.

Le chasseur avait suivi la foule, qui l'accablait de malédictions.

— Allons ! s'écrie-t-il en repoussant du coude les plus animés, allons ! imbéciles que vous êtes, au lieu de hurler, apportez de l'eau fraîche et donnez-moi cet enfant que je lui *lève* le plomb (*sic*) !

Mais les Oudaïas ne l'entendaient pas ; leur attitude devint si menaçante, que le capitaine jugea prudent de s'esquiver. Le kaïd et les frères aînés du blessé étaient absents : il ne dut qu'à cette circonstance de n'être pas écharpé.

— Ces brutes, disait-il plus tard, n'ont pas eu le cœur de sentir la délicatesse de mon procédé.

L'affaire mit toute la ville en émoi et donna à la colonie chrétienne les plus graves inquiétudes. Pour calmer l'effervescence des indigènes, l'agent de France retint pendant huit jours le Provençal prisonnier au consulat, avec deux mkhazni à sa porte. Vainement, par une lettre pathétique, le détenu fit ressortir ce que sa position avait de préjudiciable aux intérêts des noliseurs.

— Mon consul, disait-il, il est dur de se voir traité comme un vil *catif*... Songez que vous avez un chargement tout entier qui repose sur vos épaules... Plusieurs personnes haut placées apprendront avec peine l'inconduite que le brave C... a tenue à Rabatt (textuel).

Le caboteur ne sortit de prison que le soir du huitième jour, et encore fut-il consigné à son bord sous les peines les plus sévères.

Le soir même, au coucher du soleil, un coup de fusil éveilla tous les échos de la Kasba. L'enragé chasseur, du bord de son navire, avait tiré à gros plomb sur un groupe de femmes à demi cachées dans les broussailles, et qu'il avait prises pour des tourterelles ; leurs haïks étaient criblés. Cette fois, ce fut une explosion de fureur populaire ; pendant toute la nuit, le *Suffisant-Isidore* fut assailli d'une grêle de projectiles ; les soldats purent à peine empêcher la foule de se porter aux derniers excès. Il ne nous restait qu'un moyen pour sortir d'affaire, c'était de faire passer le coupable pour fou. Cette révélation, facilement accréditée, apaisa le tumulte. Le fou fut gardé à vue et privé de toute espèce d'engin de destruction. On accéléra le chargement du navire, dont on feignit de confier le commandement au second. Le *Suffisant-Isidore* reprit le large.

La veille de son départ, le caboteur, par autorisation spéciale, avait remonté en canot la rivière pour y jeter le filet. Au moment de revenir, il aperçoit au loin un objet jaunâtre qui venait droit à lui à la dérive; il n'avait plus son fusil... Quelques coups d'aviron le portent au-devant de cette épave. C'était une tête de chameau; la bête, entraînée par le courant, luttait contre la marée, ses naseaux soufflaient, elle disparaissait à tout instant, elle allait se noyer. D'une main ferme, le caboteur saisit la mâchoire, la soulève, l'appuie sur le platbord du canot, l'amarre solidement, et fait force de rames vers la Marine : il y débarque en triomphe; il rend la bête à son maître, qui de loin avait suivi le sauvetage :

— Tiens, Bédouin, lui dit-il, je te le ramène, ton chameau; *il ne manque plus que l'on m'assomme pour cela.*

CHAPITRE VII

AU CAFÉ. — CAUSERIES SANS ART.

J'avais résolu de rompre l'état d'ostracisme où se trouve naturellement tout chrétien perdu, comme je l'étais, au sein d'une cité musulmane. Après de mûres réflexions, je reconnus qu'il me fallait, pour atteindre ce but, prendre un parti héroïque, me créer sans vergogne, dans la ville de Rabatt, un rôle analogue à celui que remplit en pays civilisé le *pilier d'estaminet*.

Tout n'est pas roses dans la vie qu'on mène aux cafés de Rabatt. Pour nous en convaincre, entrons dans la boutique d'un *kaouadji*, ou marchand de café.

Au milieu de misérables maisons, dont la façade est percée de niches obscures et dont l'alignement irrégulier forme les ruelles et les carrefours de la ville, il est difficile de remarquer d'abord le point privilégié où le kaouadji a établi le centre de ses opérations. Un examen plus attentif amène la découverte d'une niche que distingue entre toutes l'étalage significatif des fourneaux, tasses, gobelets de fer-blanc, boîte à sucre, boîte à café, seaux remplis d'eau sale où la tasse abandonnée par un client va déverser un épais limon, et retrouver une apparence de blancheur et de propreté.

La salle où viennent s'accroupir les habitués est entourée de bancs crasseux, couverts de lambeaux de natte d'une propreté douteuse ; les murailles sont sales et nues ; le kaouadji est vêtu de sordides habits, les clients sont couverts de crasse. Pour franchir les degrés qui donnent accès dans un de ces réduits, il faut être poussé par un autre désir que celui de humer la blonde liqueur du moka. Si vous voulez voir se grouper sous vos yeux les types étranges des races diverses qui peuplent l'empire, si vous êtes curieux d'étudier les traits de barbarie et les vestiges de l'ancienne civilisation musulmane dont le mélange imprime à chaque classe de la population une physionomie qui lui est propre, soyez indulgent aux menues horreurs d'une malpropreté qui s'ignore elle-même. Choisissez un coin de natte que vous occuperez chaque jour quelques heures : ce sera le siége de vos études, et quelquefois le trépied d'où se répandront vos oracles. Votre qualité d'hôte habitué et d'hôte nazaréen vous constituera bientôt certains priviléges et une autorité dont vous auriez mauvaise grâce à vous défendre. Vous aurez des auditeurs assidus, des disciples, des amis. Vous serez l'ornement, la lumière, la gloire de céans, le nord des regards et des esprits, le centre des petits soins et des attentions. Un peu de gêne, beaucoup de défiante réserve auront bientôt disparu autour de vous. Malgré l'exemple de quelques fanatiques haineux qui ne paraîtront plus dans un lieu souillé de votre contact, vous serez considéré comme un hôte intime et familier. Les imaginations en votre présence se donneront libre carrière, et autour de vous se succéderont et s'échangeront les nouvelles, les confidences, les discussions bruyantes et passionnées, tous les incidents d'une conversation sans cesse alimentée par l'apparition de nouveaux interlocuteurs. Tour à tour questionnant et questionné, vous pourrez, grâce à l'ascendant qui vous est acquis, provoquer les confidences, diriger à votre gré le fil capricieux d'une causerie sans art, connaître enfin et mesurer le cercle dans lequel se meuvent ces esprits incultes, mais souvent pleins de sens et de vigueur.

J'ai occupé pendant un an, dans un café de la grande rue de Rabatt, l'éminente position dont je viens d'énumérer les avantages. Le kaouadji était un grand et jovial garçon, Algérien de naissance, très-fier de sa supériorité sur les indigènes, supériorité qu'il leur faisait sentir en échangeant avec moi de temps à autre quelques mots qui, dans son intention, étaient français. Il m'appelait son ami, et ne manquait pas de débiter à mon compte un nombre extraordinaire de tasses remplies par lui, et par lui offertes à d'autres musulmans de mes amis. La liste en était chaque jour plus longue, et je dus m'apercevoir bientôt que ces amis-là étaient innombrables comme les étoiles du firmament.

J'avais une natte toujours propre, une tasse réservée à mon seul usage, une pipe que je fis de vains efforts pour préserver des caresses de l'amitié. J'avais décoré peu à peu la nudité des murailles : leur blancheur s'émaillait agréablement d'estampes d'un haut choix. Daumier, Cham, Gavarni, l'imagerie d'Épinal, en avaient les honneurs. On y voyait peints au naturel les malheurs de Geneviève de Brabant, les traits repoussants de l'infâme Golo, la terrible exaspération de Barbe-Bleue, et la grande victoire de l'armée française à Isly. On y admirait aussi la représentation d'un bateau à vapeur à système mixte de la force de cinq cent soixante chevaux. Entouré de ces témoignages de la supériorité des races chrétiennes, je me plaisais à en donner des explications qui, répétées de bouche en bouche, ne tardaient pas à revêtir un caractère hyperbolique. Comme tous les chrétiens, j'étais réputé médecin, grand médecin : on me consultait à la ville, aux champs, à la chasse, à la pêche. Quand j'entrais au café, ce prestige s'ajoutait à tant d'autres et tournait au profit de mes observations. Le Maure orgueilleux, aux vêtements propres et parfumés, le soldat à la tête de vautour, le courrier nouvelliste, le nègre jovial et babillard, le Bédouin au regard d'aigle, aux allures énergiques, passaient tour à tour devant mes yeux. Toutes les variétés de couleur dont la nature peut teindre la face humaine, depuis la plus mate blancheur jusqu'au noir le plus diabolique, se succédaient sans cesse autour de moi. A travers les mille incidents d'un bavardage provoqué par des circonstances tantôt graves, tantôt banales et puériles, je voyais se dérouler un étrange tableau dont les moindres nuances me présentaient souvent d'utiles enseignements.

Le kaouadji appartenait à une de ces familles algériennes, qui avaient mieux aimé s'expatrier après la conquête que de se soumettre à la domination des chrétiens. Ses plus lointains souvenirs ne le reportaient pas au delà de ses premiers jeux avec les enfants marocains; et pourtant, il se montrait animé d'un patriotisme vivace dont la prudence ne modérait pas toujours l'expression, lorsque la vanité des indigènes le mettait à de trop rudes épreuves. Longtemps il s'était imposé vis-à-vis de moi une réserve à peu près complète; mais il avait fini par juger qu'aucune confidence ne pouvait altérer les dispositions bienveillantes de son hôte nazaréen, et il ne craignait pas de donner devant moi libre carrière aux sentiments qu'il contenait avec peine. « Khalifa, me demanda-t-il un jour, que fait maintenant Abd-El-Kader-Ben-Mahi-Eddîn ? Ne veut-il pas faire la guerre contre les *Mosco* ? (Russes.) — Le bruit a couru qu'il en a demandé la permission à notre sultan, dis-je au kaouadji. —Ouallah ! (par Dieu !) reprit-il, voilà un homme! un soldat ! Il a tenu tête pendant dix-sept ans à toute l'armée française et aux ennemis qu'il trouvait aussi parmi ses frères. S'il eût été dey d'Alger à la place de Sid Husseïn, par Dieu ! Alger n'eût pas reçu les chrétiens dans ses murs ! — Peut-être, après avoir exterminé nos soldats, l'émir eût-il réussi à s'emparer de nos vaisseaux, et qui peut savoir s'il n'eût pas alors tenté la conquête de la France ? S'il l'eût tentée, par Dieu ! il aurait réussi !

— Je ne dis pas cela, khalifa ; mais il est certain que Husseïn : Dieu le jugera ! aurait repoussé les Français s'il l'eût voulu. Loin de là, il les a appelés. Husseïn, que Dieu le damne ! était un Turc, un homme avare, plein de haine pour les Algériens, qu'il traitait durement. Il craignait d'être chassé ou assassiné. Il a vendu secrètement le pays à votre sultan. Vos soldats sont venus en prendre possession. Ils ont pris Alger malgré un semblant de défense, et vous vous vantez de l'avoir conquis : Dieu jugera ! — Allons ! kaouadji, prépare une tasse de café, et qu'il soit fort ! »

Le digne kaouadji paraissait tellement convaincu, et il m'exposait avec une si parfaite candeur les preuves à l'appui de son appréciation historique, que je le quittai sans avoir cherché à ébranler sa conviction. Je sortis de la ville pour aller au cimetière des musulmans, d'où la vue embrasse un immense horizon, soit sur l'Océan, soit du côté des montagnes. C'est le rendez-vous préféré des opulents citadins de Rabatt, qui chaque soir vont y respirer les brises de la haute mer. Du haut d'une colline couverte de tombes, je regardais un magnifique coucher de soleil, quand un coup de canon éveilla subitement les échos de la rivière de Salé. Je vis une colonne de fumée blanche s'élever lentement d'une pointe de sable et se dissiper dans les airs. Il n'y avait là ni fort ni batterie, et je cherchais vainement la cause de cette détonation. J'allai au café, et je ne tardai pas à être renseigné. Cinq montagnards devisaient sur la plage de Salé. Un d'eux voit à ses pieds un boulet de fer à demi enfoui sous le sable, et chacun de s'accroupir, de creuser l'arène humide et d'examiner curieusement la trouvaille : ils la tournaient et retournaient, quand le fer éclate avec un bruit épouvantable, et voilà mes pauvres diables étendus, mutilés, sanglants. Ils avaient déterré une bombe française tombée là pendant le bombardement de Salé, et qui avait attendu ce moment pour *parler*.

Le même accident s'est produit plusieurs fois à Mogador. Les Arabes n'y comprennent rien ; beaucoup prétendent que les chrétiens ont ensorcelé leurs boulets, afin qu'ils puissent tuer encore des musulmans longtemps après avoir servi. De là des malédictions sur ces damnés infidèles.

Le lendemain, lorsque je parus chez le kaouadji, j'eus peine à répondre aux bruyantes interpellations de la foule qui s'y était réunie. La voix du kaouadji put enfin dominer le tumulte et imposer le silence : « Eh bien! khalifa, les Slaoui (Salétins) se sont rappelé hier la visite de vos vaisseaux.

C'est vraiment une chose terrible que ces boulets endiablés ! Tuer après deux ans qu'ils sont perdus dans le sable, et alors que tout est oublié ! Peux-tu dire ce que sont ces boulets de Satan ? — Ce sont des boulets creux remplis de soufre, de poudre, de salpêtre, les mêmes que vous avez pu voir éclater en touchant la terre, et que vous appelez comme nous *bomba*. Il arrive parfois que ces bombes s'éteignent en l'air et ne font pas explosion. C'est ainsi que celle qui a tué hier ces pauvres gens est restée longtemps dans le sable ; ils auront gratté profondément le trou de la bombe, et, le salpêtre s'enflammant, la bombe a éclaté. Tu comprends sans doute que le diable n'y est pour rien ? — J'ai compris, me dit Sid Boazza, honorable marchand de soie dont la boutique était le rendez-vous des beaux esprits du bazar ; j'ai compris ; mais c'est une merveille qu'un si grand nombre de bombes aient fait si peu de mal aux gens de Salé et à leur ville.

— Les Slaoui se gardent bien d'énumérer leurs désastres : ne le penses-tu pas comme moi ? — C'est vrai. Mais il est vrai aussi qu'ils ont peu souffert : le dommage n'a pas été aussi grand que la peur, qui dure encore. Chaque fois qu'un de vos vapeurs paraît à l'horizon et s'avance vers la rivière, les

Slaoui sont tout tremblants, dans la conviction qu'on vient exiger d'eux le payement des frais de la guerre. Le kaïd, El Zeneber, est toujours prêt à donner un million; il perd la tête à l'idée d'un nouvel éclat. Quand votre amiral assignait le terme de deux heures pour le payement de l'indemnité réclamée en faveur du capitaine de ce navire pillé, cause de tout le mal, le kaïd n'avait pas l'intention de refuser : il avait sous la main la somme exigée, et voulait seulement se donner la satisfaction de narguer, par ses lenteurs, un ennemi impérieux et exigeant; et lorsque, après deux heures, le premier boulet, parti de vos vaisseaux avec un bruit terrible, vint tomber dans la ville, Zeneber, épouvanté, s'arrachait la barbe et criait partout qu'on chargeât une barque d'argent pour l'envoyer à l'amiral. Il n'était plus temps. Les Slaoui durent porter la peine de la sottise de leur kaïd, et cependant, ils ne se souciaient guère plus que nous autres, gens de Rabatt, d'attirer sur eux les boulets français. Votre amiral avait témoigné à notre kaïd le désir que nos batteries ne prissent point part à l'action. Il avait fait dire aux Rabattins que si un seul coup de canon partait de leur citadelle, Rabatt et Salé seraient bombardés en même temps. Le kaïd Souessi, homme sage et ami de la paix, voulait qu'il fût fait selon le désir de votre amiral; mais Sidi-Brittel, homme violent et exalté, entraîna quelques canonniers aux batteries et envoya une décharge : les Rabattins se précipitèrent sur les canonniers et les arrachèrent de leurs pièces; nous en fûmes quittes pour quelques bordées de vos vaisseaux. Depuis lors, les Slaoui nous témoignent haine et mépris; ils nous accusent de les avoir abandonnés au moment de la lutte contre les chrétiens. Ces gens-là sont bouffis d'orgueil, et croient que toute la terre est intéressée à leurs méchantes querelles; mais le sultan a approuvé notre modération, il a reconnu que nous avions suivi le bon chemin, et cela nous a suffi. Quant aux Slaoui, ils se consolent au souvenir du châtiment qui a frappé les Français et qui a puni leur audace. — Les Slaoui ne se vantent-ils pas d'avoir coulé à fond nos vaisseaux? — Non; mais ils disent que Sid Iabouri, le saint dont les boulets ont atteint la mosquée, leur a épargné le soin de la vengeance. Pendant la nuit qui suivit le bombardement, les vaisseaux chrétiens furent tous subitement engloutis..... Les Nazaréens sacriléges attendent au fond des abîmes le grand jour du jugement. — Je regrette, ô Sid Boazza, que le prodige n'ait pas eu lieu avant le châtiment des braves Salétins. — Sid Boazza sourit, et d'un air suffisant :

Nous autres, gens de Rabatt, nous savons que c'est un conte qui ne mérite pas croyance. Le marabout de la mosquée avait prédit que le saint Labouri ne permettrait pas aux boulets chrétiens de toucher son minaret. Or, le minaret avait été plusieurs fois atteint et ébréché ; et ce marabout, voyant que vos vaisseaux avaient disparu pendant la nuit, raconta que le saint outragé lui était apparu pour lui révéler le terrible châtiment des infidèles. On applaudit avec enthousiasme. Mais des Arabes arrivèrent bientôt de Tanger, et dirent qu'ils y avaient vu entrer les mêmes vaisseaux dont on annonçait la perte. Le doute entra dans beaucoup d'esprits. — Et que dit le marabout? — Il dit : « Les vaisseaux que vous avez vus à Tanger ne sont pas les mêmes que vous avez vus ici : comment serait-ce possible, puisque ceux-ci sont au fond de l'abîme? Le sultan des Français n'a-t-il que trois vaisseaux? Il en a mille, tous pareils à ceux que Dieu a frappés. »

Sid Ben-el-Hadj-Ahmet, jeune Maure d'un esprit original et très-supérieur à son entourage, me toucha le bras d'un air mystérieux et goguenard : — Veux-tu savoir la vérité sur le combat? — J'étais sur les rochers, en haut de la citadelle; j'ai bien observé les Français et ceux de Salé. Voici ce que j'ai vu :

Élevant alors son cigarito, il aspira longuement, et laissa échapper, à de longs intervalles, de lourdes bouffées de fumée :

— Voilà, dit-il, les canons de Salé.

Renouvelant son aspiration, il lance coup sur coup des jets rapides qui se pressent et se confondent :

— Voilà les canons français.

Cette piquante mise en scène des batteries chrétiennes et mauresques provoqua de francs éclats de rire parmi les Rabattins, toujours charmés de rabaisser leurs orgueilleux voisins.

Lorsque j'arrivai à Rabatt, les indigènes connaissaient vaguement la lutte que le sultan de *Stamboul* soutenait contre les *Mosco*. Mais les récits apportés par les pèlerins revenus d'Orient arrivaient au Maroc étrangement travestis par l'imagination des conteurs et par l'orgueil naïf des musulmans. Quand je recevais les journaux de France, on ne manquait pas de me questionner sur les événements de la *grande guerre ;* et comme les nouvelles que je donnais ne répondaient que faiblement aux conceptions enthousiastes des curieux, elles étaient accueillies toujours avec défiance, quelquefois avec colère. Je ne puis mieux peindre leur effet qu'en rapportant ce qui se dit au café, lorsqu'on y eut appris le bombardement d'Odessa. Sid Gilali, chef des gardes du kaïd, personnage fort redouté et politique profond, m'interrogea avec un regard où éclatait l'orgueil : — Eh bien! me dit-il, le courrier venu de Tanger a-t-il apporté des gazettes de Bèriss (Paris)? et que disent-elles, vos gazettes? donnent-elles des nouvelles de la guerre des Turcs et des Mosco? — Oui. — Les Turcs ont-ils enfin battu les Mosco? — Non.

Sid Gilali fait un geste d'étonnement et de défiance : — Aurais-tu quelque raison de me cacher la vérité? Je sais tout : notre kaïd El Souessi a reçu par le même courrier des lettres de Tanger; Sidi Mohammed-el-Khatib (le premier vizir) lui annonce que les Turcs ont brûlé la flotte des Mosco, et détruit par le canon une grande ville de la même nation (bombardement d'Odessa). L'armée ottomane a exterminé une grande armée mosco; elle a tué vingt mille hommes, et pris vingt-deux jours de marche du pays ennemi. El Souessi a fait monter à cheval un de ses oudaïa, qui aussitôt est parti à franc étrier pour porter cette nouvelle au sultan [1]. — Sid Gilali, ce sont là de belles et bonnes

[1] Je raconte sur des notes écrites à l'instant même où

nouvelles. On n'y a oublié qu'un point. — Lequel? —La vérité. — Je crois, khalifa, puisque tu le dis, que vos gazettes n'annoncent rien de tout cela. Mais qu'y a-t-il de surprenant? Nous savons que les chrétiens, bien qu'alliés et réunis aux Turcs, n'aiment pas à raconter les triomphes des musulmans. Combien de victoires avez-vous attribuées à vos soldats, alors que tous les Arabes, en les racontant, le faisaient à la louange d'Abd-el-Kader Ben-Mahi-Eddin? Ainsi, tu aurais reçu les mêmes nouvelles que le kaïd El Souessi, que je ne m'étonnerais pas de ta réserve. Mais ce qui me surprend, c'est que tu paraisses croire que le succès des Turcs serait un événement merveilleux. Le Turc n'est-il pas assez fort pour qu'on puisse prévoir que tôt ou tard, infailliblement, il anéantira les Mosco? — La France et l'Angleterre, s'il plaît à Dieu, délivreront le sultan des mains de ses ennemis, amîn!

Gilali reprend, avec un mécontentement visible : Vous autres chrétiens, on le sait, vous racontez les choses d'une façon qui vous est toujours avantageuse. Mais tout le monde sait aussi que le sultan de Stamboul n'a pas son égal en puissance. Il commande à la moitié de l'univers, ses États sont plus

ces nouvelles m'étaient ainsi données; je ne retranche ni n'ajoute rien : ce que j'écris est la simple vérité.

grands que tous les autres empires réunis : comment donc nous persuaderais-tu qu'il ait besoin du secours de la France et de l'Angleterre pour sortir, comme tu le dis, des mains de ses ennemis ? — Si je te dis, Gilali, que la puissance du sultan de Stamboul est petite, comparée à celle des sultans chrétiens, tu vas mettre mes paroles au nombre de celles que l'orgueil inspire aux chrétiens lorsqu'ils parlent des peuples musulmans. Je veux donc reconnaître avec toi qu'après le sultan Abd-er-Rahman, votre seigneur, il n'y a pas de souverain aussi magnifique, aussi puissant que celui de Stamboul : mais pourquoi semble-t-il lui-même si éloigné de cette opinion, qu'il a demandé l'appui de la France et de l'Angleterre ? — Ne vas-tu pas dire qu'il a imploré ?... Pour nous, voici ce que nous avons su et savons : la France et l'Angleterre, comme tous les pays chrétiens et païens, sont tributaires du sultan de Stamboul : elles relèvent de lui, elles sont ses vassales ; elles subsistent à l'ombre de sa puissance. Le sultan a été attaqué par les chrétiens Mosco : — chrétiens contre chrétiens ; — il a ordonné à ses vassaux français et anglais de combattre pour lui ; il les a appelés sur son territoire, ils ont obéi : Voilà la vérité qu'aucun musulman ne peut ignorer !

Je demeurai un instant étourdi. — Sid Gilali, repris-je enfin, sois indulgent; tu as très-bien compris qu'il est dur pour un chrétien d'avouer les triomphes des musulmans; mais, puisque tu as pénétré le secret de mon cœur, je veux racheter ma faute par une franchise complète. Sache donc que nos gazettes, toujours parfaitement renseignées, m'ont appris ce que j'essayais vainement de dérober à ta pénétration. Elles disent plus que la lettre de Sid Mohammed-El-Khatib; elles racontent longuement ce qu'une lettre ne peut bien expliquer. — Je m'en étais douté : je sais, khalifa, que rien n'échappe à vos gazettes. — Voici donc ce qu'elles nous apprennent : Un vaisseau turc a rencontré une flotte Mosco de quarante frégates à vapeur. Le vaisseau, fort de sa bonne cause, a manœuvré autour de la flotte infidèle, qu'il a enveloppée du feu de tous ses canons et bientôt désemparée. Le vaisseau a pris à la remorque toute la flotte et l'a traînée jusqu'à Stamboul. Le sultan a fait suspendre, à la louange de Dieu et de son prophète, un bâtiment Mosco à la voûte de chacune des mosquées de Stamboul. A terre, quatre mille Turcs, divisés en quatre troupes, ont écrasé quatre armées Mosco, de quarante mille hommes chacune. Les Ottomans vainqueurs sont entrés dans la ville des Mosco, ont pris le sultan chrétien, et, après l'avoir circoncis, l'ont contraint à se déclarer musulman....

Sid Gilali me regardait.... — J'inclinai gravement la tête pour confirmer mon récit... — Une rougeur de modestie monta au visage du digne musulman. Sous cette rougeur, un sourire se fit jour, et, de sa bouche épanouie, il me dit : — Khalifa! ah! khalifa! on ne peut rien apprendre de toi : jamais, avec toi, les musulmans n'ont raison!

Sid Gilali fuma trois cigarettes, huma deux tasses de café et se retira.

CHAPITRE VIII

LES RACES DIVERSES : LES MAURES. — LES ARABES. — LES BERBÈRES. — LES NÈGRES.

Ce qu'on remarque d'abord, quand on se trouve au milieu de la foule des indigènes, c'est la surprenante variété des types, des costumes, des physionomies. Mais on y chercherait vainement cette génération à l'eau de rose, ces Maures parfumés d'ambre et de benjoin dont nos romans peuplent toutes les cités musulmanes. Si j'ai rencontré un de ces hommes, sa trace se perdait au milieu d'émanations si désagréables qu'on eût dit le sachet d'une bergère de Florian égaré au milieu d'un sordide troupeau de boucs. Dans cette foule, nous distinguons cinq races principales : les Maures, les Arabes, les Berbères, les Nègres et les Juifs.

Voyez cet homme enveloppé d'un long manteau de laine blanche et transparente sous lequel se jouent les reflets de l'or et de la soie. Il se drape avec majesté; il impose à tous par une démarche mesurée, par un visage austère, par une vie exemplaire adonnée aux pratiques de la piété. Son turban et le titre de hadji vous disent qu'il a accompli le pèlerinage de la ville sainte. Il entre plusieurs fois chaque jour à la mosquée; il porte sous le bras une pièce de laine sur laquelle il s'agenouille publiquement pour prier; il roule sans cesse entre ses doigts les grains du tesbih (chapelet); et ses lèvres murmurent les versets sacrés, alors même que vous l'entretenez d'affaires que vous savez le toucher de plus près. Le nom d'Allah s'échappe de ses lèvres avec sa respiration. Il paraît : tous le saluent et l'appellent seigneur; tous s'écartent sur son passage; tous murmurent avec respect : le voilà !

Le voilà ! ce sépulcre blanchi, ce pharisien, cet orgueilleux dont l'âme est pleine de fourberies, de mensonges, de spéculations hypocrites. Le voilà ! avec son air de hautaine dignité, avec ses sentences qu'on croirait inspirées par la religion et la justice. Et cependant, il a les mains rouges du sang de l'innocent; il s'engraisse de la substance du pauvre ; il se rit des larmes de la veuve et de l'orphelin. Il a le teint clair, l'œil luisant; il flaire la rapine, les occultes vengeances ; il est bien nourri, bien fourré, gros et gras. Race de vipères et de renards ! Aucun mot ne stigmatiserait plus justement la race maure, la plus riche et la plus considérée au Maroc. C'est dans son sein que se recrutent les ulémas, les tholba, les kaïds et les pachas, tout ce qui possède richesses, honneurs, dignités. Elle peuple les villes de l'empire; elle s'y adonne au négoce, et sait y déployer, malgré des habitudes de paresse et d'indolence, les ressources d'un génie incontestable. Elle amasse des richesses pour les enfouir et les soustraire à l'avidité des gouvernants. La mauvaise foi, la poltronnerie, toutes les basses passions, concourent à rendre les Maures dignes d'être gouvernés comme ils le sont. Les vices des autres races indigènes révèlent une nature barbare, mais accessible à des sentiments généreux : ceux des Maures n'ont rien que d'efféminé et de méprisable [1]. Des brillantes qualités qui distinguèrent leurs ancêtres, ils n'ont gardé qu'un orgueil intraitable et les dehors d'une majesté superbe. La plupart descendent d'anciennes familles grenadines et andalouses; quelques-uns des plus qualifiés conservent encore les clefs de villes ou de maisons aujourd'hui espagnoles : mais ils

[1] Les Maures (mahourîn, occidentaux) sont de race arabe; mais on désigne sous ce nom les plus anciens Arabes qui sont venus peupler l'Afrique occidentale, et qui s'y trouvaient établis plusieurs milliers d'années peut-être avant Mahomet.

connaissent à peine leur glorieuse histoire ; ils ont perdu jusqu'au souvenir des travaux qui furent un foyer de lumières pour les nations de l'Europe chrétienne. Ils restent écrasés sous un despotisme qui leur ôte jusqu'à la liberté de jouir des richesses qu'ils amassent.

La coutume d'enfouir est générale au Maroc. Les sommes confiées ainsi à la terre ou aux crevasses des murailles surpassent de beaucoup celles qui restent en circulation. Des monceaux de doublons sont entrés au Maroc et n'en sont pas sortis; les piastres d'Espagne et nos pièces de cinq francs s'y engloutissent pour ne plus reparaître. Si donc, dans quelques siècles, le laboureur remuait un sol fécondé par une race meilleure, le soc des charrues ne s'ébrécherait pas contre d'héroïques armures : l'or se répandrait dans les sillons, éloquent témoignage de cette misère qui forçait tout un peuple à se faire précéder dans la poussière par de stériles richesses. Avec les Maures, la force est l'unique moyen d'action ou de salut. Ils doivent être exceptés du sentiment de pitié qu'on éprouve pour les victimes de l'oppression administrative; ils m'ont quelquefois inspiré un regret : celui de ne voir pas restreindre à eux seuls les avanies qui sont le lot commun des indigènes.

Voici maintenant l'heureux de madame Deshoulières :

> Celui qui se nourrit du lait de ses brebis,
> Et qui de leur toison voit filer ses habits,

celui qui n'a jamais dormi que sous une tente ou sous la voûte étoilée. Stature élevée, teint basané, œil noir et regard perçant, démarche lente et grave, geste animé et solennel : tels sont les principaux traits qui distinguent l'Arabe des autres indigènes. On ne saurait le confondre avec les Maures opulents, rusés et poltrons : un mâle courage anime tous ses traits. Pasteur et guerrier, ne sachant aujourd'hui où il dressera demain sa tente, il a conservé les mœurs simples et austères des premiers âges : le soin des troupeaux, la guerre, l'amour, se partagent toute son existence. Ignorant et crédule, il est facile à l'enthousiasme et se complaît aux récits merveilleux : c'était bien la race à qui convenait la loi islamique, et à qui il appartenait de la propager.

Les Arabes du Maroc cultivent peu. « Autrefois, me disait l'un d'eux, nous ensemencions de grandes étendues de terre, nous amassions des grains, nous donnions nos soins à l'élève des chevaux et nous n'avions garde de les laisser dégénérer. Mais aujourd'hui, à quoi bon tant de peine? Le sultan vient-il à savoir que nous avons fait des récoltes abondantes, il envoie ses maudits noirs qui viennent tout nous enlever. Apprend-il qu'un douar possède de beaux poulains, il les réclame et s'en empare. C'est pourquoi nous ne récoltons que le nécessaire, nous ne faisons provision de rien, nous laissons nos juments s'accoupler au hasard. »

Les Arabes ne viennent que rarement dans les villes. Beaucoup d'entre eux sont d'une ignorance qui égale celle des sauvages de la Polynésie. Les Maures citadins sont, par rapport à eux, dans un état de civilisation avancée. Ces derniers ne sont pas complétement étrangers aux recherches de la vie européenne; il n'est pas rare d'en rencontrer qui, charmés de l'utilité des miroirs, en suspendent par douzaines en guise de corniche à leurs murailles, de telle façon qu'il faudrait monter jusqu'au plafond pour se mirer. Il s'en trouve même qui n'ont pas craint de se déclarer mieux assis dans un fauteuil que sur la natte de leurs aïeux; les vieillards branlent la tête : mais que dire en ces temps dégénérés!

Un matin, deux Arabes se présentent à l'entrée de la maison que j'habitais : on leur avait dit que là étaient des chrétiens, des Français; ils voulaient voir ces êtres redoutables qu'ils ne connaissaient que par les récits dont toutes les tribus épouvantent leurs enfants indociles. Si nos nourrices ont leur *croquemitaine*, les femmes du Maroc ont leur *chrétien*. Les enfants ne résistent jamais à ce mot magique. A mesure qu'ils grandissent, leur imagination s'emplit des idées les plus effroyables sur ces monstres, sur ces Nazaréens fils du diable. — Viens avec moi, disait un marabout à un chrétien qui le questionnait sur le pays de l'Oued-Drâa, presque inconnu des voyageurs; viens, tu verras tout de tes yeux, j'aurai soin de toi, mon influence te protégera, tu ne courras aucun danger. — Grand merci, répond le chrétien : je sais trop le sort qui m'attendrait, si j'essayais de mettre tes offres à profit; je n'irais pas loin sans être assassiné. — Par Dieu! tu te trompes! — Allons! tu te trompes toi-même en supposant que tes frères auraient, comme toi, le bon esprit de ne pas traiter en ennemi un chrétien qui viendrait au milieu d'eux. — Tu ne m'as pas compris : s'ils voyaient en toi un chrétien, ils t'égorgeraient sans pitié; mais jamais ni toi, ni moi-même, ne parviendrions à leur persuader que tu es chrétien. Nos mères nous ont appris que les chrétiens sont des êtres maudits et malfaisants; qu'ils ont des cornes, une queue fourchue et venimeuse, des charbons ardents sous les paupières, des griffes crochues, des dents de tigre, un pouvoir surnaturel. Or, en te voyant, comment pourraient-ils reconnaître un de ces monstres? Ils diraient : c'est un Turc, un musulman venu des régions de l'Est; il ne parle pas notre langue, mais il professe comme nous qu'il n'y a pas d'autre Dieu que Dieu, et que Mohammed est le prophète de Dieu : Je les confirmerais dans cette croyance, et il ne te serait fait aucun mal. — Incha Allah!

Mes deux Arabes franchirent le seuil de la porte extérieure et pénétrèrent jusqu'au milieu de la cour. Ils se tenaient par la main comme deux enfants qui mettent en commun leur timidité ou leur audace, et que l'espoir de découvrir quelque merveille soutient à peine contre la peur d'être reçus par le gros chien de la maison. Introduits au salon, ils nous examinèrent avec un visible sentiment de stupeur : — Quoi! se disaient-ils, ce sont là des chrétiens? des Français? mais... ce sont des hommes! — Quand ils furent convaincus que nous n'avions ni cornes, ni queues, ni griffes, ni charbons ardents sous les paupières, leur attention se porta sur l'ameublement et sur les différents objets qui ornaient le salon. Un piano attira leurs regards; ils en caressèrent le vernis luisant : — C'est donc là le bois qui pousse dans votre pays? chose magnifique! nous n'en avons pas de semblable dans tout le Moghreb; nos forêts n'en renferment pas d'aussi brillant; Dieu a donné de grands biens aux chrétiens! — N'y a-t-il qu'une femme dans la maison? — Est-il vrai que vous autres, chrétiens, n'en pouvez avoir qu'une seule? Et si cela est, pour combien de temps la prenez-vous? Quoi! si la femme est mauvaise, si elle ne vous donne pas d'enfants, vous ne pouvez la renvoyer! — C'est bien lourd! (*tquîl bezzef!*)

On offre le café aux visiteurs; ils deviennent muets, ils s'interrogent du regard. Un d'eux se penche à l'oreille du mkhazni (soldat), qui porte le plateau : — Pouvons-nous boire sans crainte? — Le mkhazni les encourage d'un signe et d'un sourire. — Ils pensaient sans doute au café du sultan. — Qu'est-ce que cette cassette si belle qui reluit devant nous? — La cassette s'ouvre et dévoile ses trésors : des flacons remplis de liqueurs brillantes, des cristaux rehaussés d'or éblouissent les yeux des deux Arabes. — Que contiennent ces beaux flacons, des essences de votre pays? — Non, ce sont des liqueurs délicieuses que nous buvons quelquefois à la fin des repas. — Les deux Arabes échangent des regards attristés : Quel dommage que nous soyons dans le Ramdan ! nous nous serions enivrés de ces admirables liqueurs : vous êtes favorisés, vous autres chrétiens ! vous pouvez vous enivrer tous les jours de votre vie ! — Tu te trompes ; nous n'usons du vin et des liqueurs que pour le bien de notre santé. — Allons donc ! — Je dis la vérité. — O merveille ! merveille ! répètent ces braves gens en branlant la tête d'un air de doute. Une raison, cependant, paraît les convaincre, c'est que nos climats sont très-froids, et que le vin supplée par sa chaleur à celle que le soleil nous y refuse. — Que contient cette autre chambre ? disent-ils en regardant la glace : elle paraît toute semblable à celle-ci. — On leur fait toucher la glace, ils rient *aux larmes* en disant : Merveille ! ô merveille !

Ils s'en vont en répétant : Quelle journée ! quelle merveilleuse journée ! Vous êtes nos amis ; nous reviendrons vous voir. Nous savons que les musulmans évitent votre maison parce que vous êtes chrétiens. Ils ont peur de vous, mais nous ne craignons aucun homme, pas même le sultan ; tout homme, vraiment homme, ne craint que Dieu.

J'appris depuis que ces deux sauvages si fiers étaient les chefs de deux tribus puissantes et insoumises, l'une aux environs de T'mara, petite ville à une lieue de Rabatt, l'autre des montagnes de Tadla, qui s'élèvent près de Marok. Tous, on le comprend, ne sont pas restés à ce degré de naïve ignorance; mais on peut dire que la multitude partage les mêmes préjugés au sujet des Nazaréens; et c'est ce qui explique cette opinion, que tout chrétien est un savant médecin, sinon un sorcier tout-puissant.

Les Berbères (*Amazirgh*, *shelleuh*) sont, selon toute apparence, les plus anciens habitants du Maroc. Les Touaregs, les Kabyles algériens, les montagnards du Riff, à la fois pirates et grands chasseurs, appartiennent à cette race. Il est impossible de démêler aujourd'hui avec certitude les éléments primitifs de la famille berbère. On peut conjecturer que les barbares, lors des invasions qu'ils firent en Afrique, se sont mêlés aux peuplades subjuguées. On retrouve, en effet, chez beaucoup de Berbères, les traits distinctifs des anciens Normands : ils sont grands et vigoureux; un grand nombre ont le teint clair, les yeux bleus, les cheveux blonds ou roux, et, comme ils ne contractent pas d'alliances avec les autres races indigènes, il est permis de croire que la race berbère primitive a été modifiée par le mélange des peuples venus du nord de l'Europe. Les Berbères sont guerriers, chasseurs, pasteurs et agriculteurs. Ils obéissent à des chefs héréditaires et indépendants, car ce n'est pas être soumis que de disputer sans cesse à main armée ce qu'un pouvoir ennemi cherche à emporter par la violence. Nous laissons aux érudits le soin de rechercher tout ce que peuvent offrir de curieux et d'instructif les mœurs de ces peuplades à peine connues. Nous nous bornons à constater qu'au Maroc, elles n'ont jamais été soumises à l'autorité des sultans. Elles font assez bon marché des préceptes islamiques, et ne témoignent qu'un respect médiocre pour les chérifs, descendants du Prophète.

Le paganisme et le christianisme ont laissé des traces évidentes de leur passage au sein des peuplades berbères. Quand les blés apparaissent en herbe, les femmes promènent autour des champs un mannequin, sorte de déesse favorable aux moissons; les hommes courent à cheval en tous sens, s'arrachant une grande poupée à peu près semblable, et foulant ainsi les jeunes pousses de blé. Un usage analogue existait dans l'antiquité; les Arabes et les Maures s'en abstiennent, comme d'une pratique païenne. J'ai vu beaucoup de femmes et d'enfants qui portaient des tatouages bleus en forme de croix, sur le front ou sur la poitrine, et ils se montraient fort attachés à ce symbole, dont ils ont perdu la signification. Enfin, l'invocation de la *vierge Marie* est en usage fréquent parmi les femmes berbères, principalement lorsqu'elles sont dans les douleurs de l'enfantement. En voilà plus qu'il n'en faut pour faire conjecturer que les Berbères sont, du moins en partie, des frères égarés, sortis du giron de la primitive Église. Ces peuples n'ont pas de vêtements particuliers; pour eux, la fantaisie est fille de la nécessité. Les Berbères ne marchent jamais sans armes; ils sont capables de reconnaissance et d'attachement pour quiconque leur fait du bien, et rendent avec usure aux Maures et aux Arabes la haine que ces derniers leur portent.

Les nègres sont en grand nombre au Maroc. La plupart sont originaires du Soudan. Les Maures les traitent avec douceur et les affranchissent moyennant de légères conditions. Tous sont musulmans, mais tous conservent certaines croyances dont leur esprit ne peut se dégager. Ils ont un goût prononcé pour le clinquant et la verroterie, célèbrent leurs fêtes avec des danses bizarres, qui exigent des jarrets infatigables, et se délectent aux sons d'une musique dont l'effet certain serait de rendre sourd pour plusieurs heures quiconque affronterait longtemps leur orchestre. Ces fêtes, ces danses, cette musique, durent parfois trois jours et trois nuits sans interruption. Ils ne s'arrêtent que chacun à son tour, pour engloutir des mets à l'huile, au beurre rance, au piment, en quantités énormes.

Lorsqu'on étudie la race nègre dans un pays comme le Maroc, où elle n'est pas en butte à un système particulier d'oppression, on ne tarde guère à reconnaître en elle des qualités qui inspirent l'estime au moins à l'égal des races réputées supérieures. Je citerai un fait qui n'a pas altéré ma sympathie pour les nègres, et qui peut servir à caractériser cette nature naïve jusque dans ses écarts. A l'époque où les pèlerins viennent en foule à Tanger pour le départ des navires qui les portent vers La Mecque, je remarquai, au milieu du campement des hadji, un noir de haute stature, armé d'une *guimbri* (sorte de guitare), affublé d'oripeaux si étranges, que je voulus prendre un croquis de ce modèle incomparable. Je le conduisis chez moi, et, à l'issue de la séance, je lui donnai une pièce de cinq francs et quelques bagatelles : voilà un homme ivre de joie; il se prosterne et renouvelle à mes pieds les simagrées de *Vendredi* à l'égard de Robinson. Le lendemain, l'aube éclairait le faîte des maisons, quand je fus tout à coup éveillé par les éclats d'une voix puissante : malgré la mauvaise humeur d'une juive qui lui criait que le khalifa était encore au lit, mon troubadour avait pénétré jusque dans la cour intérieure et demandait à me voir. Je descendis, et je le vis fléchissant sous un énorme quartier de viande saignante qui rougissait ses reins et battait ses talons. Il le jeta à mes pieds : — Khalifa, voilà ce que mon cœur te donne! Le cœur du brave homme me donnait la moitié d'un taureau fraîchement égorgé. Vainement j'essayai de résister à cette amitié aux allures homériques : il fallut accepter. J'offris des dons nouveaux; le nègre s'en alla radieux.

Il revint le jour même, et me dit : — Tu es puissant : vous avez en rade un de vos navires de guerre; dis au capitaine de me recevoir à son bord et de me porter *gratis* jusqu'à Alexandrie. J'entrevoyais le but de la visite matinale : le taureau s'expliquait; il perdait beaucoup de sa signification héroïque. — Tu ignores, dis-je au nègre, que les commandants de nos navires de guerre ne sont pas à la disposition du premier venu. Je n'ai pas la puissance que tu crois : cesse donc d'espérer ce qui n'est pas possible. Mon homme sourit, baisse la tête, accepte cinq francs, et s'en va. A peine hors de la maison, il s'écrie : « Chien! et fils de chien ! que Dieu maudisse son père et le ventre de sa mère ! et moi, qui ai dépensé pour acheter ce taureau l'argent qu'il m'a donné (puisse ce taureau l'étouffer) ! Dieu m'est témoin que si je l'ai fait, c'est que je pensais tirer quelque chose de ce Nazaréen : que Dieu les maudisse tous, et le diable avec eux ! » ce sont les paroles textuelles du nègre.

J'entendais, sans être vu, ces énergiques imprécations que les passants s'efforçaient vainement d'étouffer. Le hasard se chargea de punir l'ingrat. Tout en lançant de fougueuses apostrophes, le nègre était arrivé dans la grande rue de Tanger, et il se trouva tout à coup en présence du pacha qui se rendait à la mosquée. Mon joueur de guitare flaire une riche aubaine : il s'arrête devant le cheval du pacha et se met à danser en jouant de son instrument. On était dans le Ramdan, et cette circonstance aigrit toujours l'humeur du pacha Ben-Abbou qui a le jeûne hargneux et malfaisant : — Qu'on emmène cet homme à la Kasba, dit-il aux soldats de son escorte, et qu'on lui fasse un beau cadeau ! Le nègre ravi s'éloigne en sautillant ; mais le pacha s'était mieux expliqué : arrivé à la Kasba, le musicien est garrotté et reçoit cent coups de bâton. On brise sa guitare, on le jette au cachot :

il y resta deux jours. Un Maure me conta l'aventure : j'obtins son élargissement.

Les nègres sont de grands enfants qu'il suffirait de bien élever pour en faire des hommes intelligents, spirituels, généreux. Les Maures eux-mêmes rendent hommage aux belles qualités dont ils sont doués, et surmontent en leur faveur l'horreur que leur inspire la couleur noire. Les Maures, superstitieux à l'excès, croient à tous les présages, principalement aux plus funestes. Ils sont convaincus que le premier objet qui s'offre, le matin, à leurs regards, aura une influence heureuse ou pernicieuse sur toute la journée : si c'est un objet noir ou un juif, ils s'enferment avec soin et se gardent d'entreprendre quoi que ce soit jusqu'au lendemain. Ce procédé serait offensant pour les nègres : les casuistes maures ont su concilier la politesse avec le préjugé. S'il advient qu'un nègre se présente le premier aux yeux d'un Maure, celui-ci, avant de le saluer et de l'aborder, lui crie de loin : *ebbiod !* (fais-toi blanc !) et le nègre de montrer ses dents d'ivoire en roulant ses gros yeux blancs. Le nègre se venge en disant : « Les blancs sont des raisins mal mûris. »

Les Maures, les Arabes, les Berbères et les nègres sont les quatre principales races musulmanes de l'empire marocain. Je me suis efforcé de déterminer leurs caractères distinctifs : il reste à faire connaître leur situation respective. Pour comprendre cette situation, représentons-nous le Maroc comme une monarchie mauresque ; le sultan est un roi maure qui gouverne un peuple maure. La population mauresque est en effet la plus nombreuse : si l'on admet que le chiffre total des sujets marocains est de six millions, les Maures en forment à peu près la moitié ; ils sont, avons-nous dit, les plus riches, les plus policés, les plus puissants : les autres races ne prennent rang qu'accidentellement dans la hiérarchie politique et administrative ; jamais elles n'y ont été naturalisées. Les Maures remplissent les villes ; les plaines sont aux Arabes, les montagnes aux Berbères : ainsi, Berbères, Arabes-Bédouins, nègres du Soudan, pressent de tous côtés la race dominante comme la marée presse de ses flots montants un archipel d'îlots qu'elle menace d'engloutir. Le jour où les tribus s'accorderaient dans leurs efforts pour écraser leurs communs oppresseurs, verrait certainement la ruine de la puissance mauresque, qui ne se soutient qu'à force de ruse, en semant habilement des germes de division et de haine parmi ceux qu'elle domine.

La race juive est un élément important de la population marocaine : mais elle se distingue au milieu des races musulmanes par des traits qui méritent une étude spéciale.

CHAPITRE IX

LES JUIFS.

La condition des juifs marocains, au milieu des autres races indigènes, est la même qui leur fut faite, au moyen âge, parmi les populations de l'Europe chrétienne. Les musulmans semblent avoir pris à tâche d'exécuter les menaces prophétiques adressées autrefois à l'infidèle Juda : lisez les *Lamentations de Jérémie*, et vous aurez la description poétique et navrante du pèlerinage que les tribus d'Israël accomplissent sous la verge des enfants d'Ismaël le déshérité.

Les juifs, au Maroc, sont rangés parmi les animaux immondes. Si les musulmans appliquent aujourd'hui aux chrétiens l'épithète d'impurs et de maudits, c'est un effet de l'ignorance où sont la plupart d'entre eux des enseignements réels du Koran : car Mahomet déclare, en plusieurs endroits, que les Nazaréens pourront être sauvés, et il ne défend pas le commerce avec eux. Mais il s'exprime, au sujet des juifs, en des termes qui excluent jusqu'aux sentiments naturels de l'humanité. Il les déclare maudits de Dieu, s'ils persistent dans leur voie, et tous destinés aux flammes inextinguibles; et cela, ajoute-t-il, parce qu'ils ont mis à mort Jésus, le souffle de Dieu (*Rouh Allah*). Les musulmans agissent donc avec eux comme avec des ennemis de Dieu, irrévocablement livrés à *Chîtan* (Satan). S'ils ne les exterminent pas, ils allèguent pour raison les services qu'ils en tirent; et comme, en ce monde, les vrais croyants peuvent user de tout pour leur profit, la tolérance des princes musulmans consiste à laisser vivre les juifs comme on laisse vivre un troupeau d'animaux utiles.

Aujourd'hui, cette tolérance, grâce à la honteuse paresse des races musulmanes, est plus que jamais imposée par la nécessité. Si les juifs étaient tout à coup retranchés du corps social marocain, la plus extrême misère envahirait les populations. Seuls, en effet, les juifs exercent tous les arts de l'industrie que les Maures ont en suprême dédain. Ils sont serruriers, orfévres, maçons, fondeurs de métaux, potiers, décorateurs, tisseurs de soie, monnayeurs. Le sultan confie même aux plus instruits la perception des impôts dans les villes, et les emploie dans les négociations avec les chrétiens. Esclaves en apparence, ils exercent en réalité l'ascendant que leur assure une intelligence souple et déliée, et la revanche qu'ils prennent sur leurs persécuteurs, pour être cachée sous les dehors de l'humilité et de l'abjection, n'en est que plus complète et plus inévitable.

Chaque soir, au coucher du soleil, les juifs rentrent dans un quartier séparé, entouré d'un mur d'enceinte, et ils n'en peuvent sortir que le lendemain pour se rendre dans la ville musulmane où ils ont leurs boutiques. Les Maures désignent ce quartier, où ils parquent les juifs, du nom de *Mellah*, terre salée ou maudite. Chaque ville, à l'exception de Tanger, possède son Mellah. Cette exception, en faveur des juifs de Tanger, se fonde sur ce que la ville tout entière a été livrée à la souillure des consuls chrétiens qui y résident.

Les juifs sont condamnés à ne porter que des vêtements noirs, cette couleur étant l'emblème du malheur et de la malédiction. Il leur est interdit de monter à cheval : cet animal est trop noble pour leur usage. S'ils passent devant une mosquée, une zaouïa (chapelle), un saint, un marabout, un chérif, ils doivent ôter leur chaussure et la porter à la main jusqu'à ce qu'ils aient passé. Ils ne peuvent traverser les cimetières musulmans. Leurs femmes, sous le moindre prétexte, sont fouettées en place publique par l'*akrifa*, musulmane spécialement chargée de cette fonction. Si un musulman les frappe, il leur est interdit, sous peine de mort, de se défendre autrement que par la fuite ou par adresse. J'ai vu des enfants arabes de sept ou huit ans lapider de vigoureux jeunes gens, les frapper à coups de bâton, les souffleter, les mordre, les déchirer de leurs ongles : ces hommes étaient des juifs; ils se courbaient, se tordaient, faisaient des efforts pour se dégager. Leur visage exprimait l'angoisse, la terreur; mais tous leurs mouvements trahissaient une seule préoccupation, celle de ne frapper ou blesser aucun des assaillants.

A Tanger, je passais devant la grande mosquée, et un juif s'avançait le dos courbé, l'œil inquiet, la démarche furtive. La rue était déserte; aucun musulman ne paraissait. Le pauvre diable rampait le long de la muraille : il garda sa chaussure. Il avait franchi l'espace consacré, quand d'une masure en ruine fond sur lui comme un aigle un petit Bédouin à l'œil flamboyant. C'était un enfant de six ans à peine. Avec une incroyable furie, il saute à la gorge du juif, se cramponne à sa barbe, et le ramène sur ses pas. Puis, lui arrachant ses babouches, il le pousse en lui frappant la tête et le visage jusqu'à ce que le trajet fût de nouveau accompli. Le jeune drôle écumait; je lui saisis les bras pendant que le juif enfilait une ruelle tortueuse; il me regarda en grinçant les dents et me dit : « Que Dieu maudisse ton père, et le ventre de ta mère ! »

Lorsque le sultan, ou quelque prince de sa famille, traverse une des villes de l'empire, les juifs sont tenus de faire au voyageur de magnifiques cadeaux. Ils ont la plus large part dans le lot des misères communes[1]. Le fardeau de leur servitude est tel, que j'imagine à peine comment cette race étonnante peut le porter sans perdre jusqu'au souvenir de la foi antique qui lui vaut tant de persécutions. De quelque nom qu'on appelle cette fidélité, quelle que soit la cause humaine ou surhumaine qu'on lui attribue, il est certain que le respect ou la pitié, et non d'odieux outrages, devrait en être le prix.

Il est à remarquer que peu de ces malheureux apostasient, quels que soient d'ailleurs le dérèglement de leurs mœurs et les ténèbres de leurs con-

[1] J'ai entendu dire, par quelques indigènes dignes de foi, qu'il existe parmi les Berbères du Maroc une tribu juive dont les mœurs n'ont rien de commun avec celles de leurs coreligionnaires *civilisés*. Ils sont pasteurs, agriculteurs, guerriers. Ils prétendent être venus en Afrique plusieurs siècles avant Jésus-Christ. Ils sont très-fiers de n'avoir point participé à la mort de Jésus, et sont d'ailleurs fidèles à la foi antique, ce qui ne diminue en rien l'estime et les bons sentiments des autres Berbères à leur égard.

sciences. Cette constance à garder la foi de leurs pères serait moins surprenante, si elle était soutenue par un enseignement lumineux et par des œuvres dignes du Dieu d'Abraham et de Moïse. Mais rien de semblable dans ce troupeau infortuné. L'ignorance, la superstition grossière, et tous les vices qu'elles engendrent règnent en maîtres dans ces cœurs également étrangers au désespoir et à l'espérance. Ils sont là dans une nuit profonde, traînant en aveugles la lourde chaîne de leur labeur. Ils disent : « Nous sommes dispersés, nous portons la peine des crimes de nos pères. Dieu nous a pour un temps rejetés : il nous a condamnés à courber nos têtes jusqu'à ce que toutes les nations de la terre aient passé sur nos épaules. Mais nous savons que Dieu ne nous a pas rejetés jusqu'à la fin; et qu'il nous rassemblera de tous les points du monde, et que nous reprendrons le règne et la puissance. » Telle est à peu près aujourd'hui toute la substance de leur foi. Les rabbins ne s'attachent qu'à cet enseignement; le reste est englouti dans un naufrage où il est impossible de rien démêler. Le pharisaïsme est plus que jamais florissant parmi eux. Les cérémonies du culte extérieur absorbent une bonne partie de leur existence. Nos ergoteurs les plus retors ne sont que naïfs si on les compare à leurs juges et à leurs docteurs. Leurs rabbins ont fabriqué une morale internationale qui peut se formuler ainsi : « La terre entière appartient au peuple de Dieu. Ce que les infidèles possèdent, ils vous l'ont pris, ô Israélites : c'est votre droit de le leur ôter par la ruse, puisque la force n'est pas avec vous. Si vous réussissez, vous avez repris votre bien qu'on vous avait enlevé. » On conçoit que cette doctrine fait de la probité des juifs marocains un véritable sable mouvant, que la crainte seule rend plus ou moins solide sous les pas de l'*infidèle* qui s'y aventure.

Nul doute que les cruels traitements dont les juifs sont écrasés au Maroc ne soient la cause de leur dégradation morale, et que l'oppression barbare qui pèse sur eux ne doive leur attirer la pitié et l'indulgence de tout cœur vraiment humain. Il faut cependant reconnaître qu'ils semblent prendre à tâche d'éteindre ces sentiments dans l'âme des étrangers les plus compatissants. Grâce au droit de protection que les chrétiens exercent en leur faveur avec la plus large générosité, le sort d'un grand nombre de juifs marocains est singulièrement adouci[1] : leurs familles et leurs biens sont à

[1] Sur 300,000 juifs qui sont au Maroc, 4 ou 5,000 seule-

l'abri des avanies et des exactions; leur personne est inviolable aux autorités indigènes; ils relèvent du consul qui les protége. Et cependant, malgré ces bienfaits éclatants, les juifs ne cessent de susciter mille secrets embarras à leurs protecteurs. Leur haine pour les chrétiens, bien que dissimulée sous un respect servile, est toujours vivace et agissante. Je me bornerai à citer, dans l'ordre familier, un trait qui peindra mieux que de longues réflexions l'esprit qui les anime. Quand un chrétien, consul ou autre, entre chez un juif protégé, on lui prodigue les soins d'une hospitalité obséquieuse. A peine est-il sorti, on casse le verre dans lequel il a bu, ou, tout au moins, on le purifie avec les cérémonies estimées les plus efficaces; on purifie de même tous les objets que ses mains ont touchés, le siége sur lequel il s'est assis. J'avais une cuisinière juive qui refusa maintes fois de profiter du dîner qu'elle m'avait elle-même préparé, bien que la viande que je lui abandonnais eût été prise chez le boucher des juifs. Elle alléguait pour raison que tout cela *avait cuit dans les casseroles d'un chrétien.*

ment jouissent à divers titres de la protection chrétienne. Le nombre des juifs protégés serait beaucoup plus considérable si l'action des agents chrétiens n'était pas restreinte à quelques points du littoral.

Si l'on pénètre dans un Mellah, on s'étonne que la peste n'y fasse pas de fréquentes apparitions. Les adeptes du *similia similibus* trouveraient là un témoignage en faveur de la vérité homœopathique. Rien, dans les plus sales ruelles de nos villes, ne peut se comparer au mélange de tous les miasmes empoisonnés qui circulent en courants épais dans le labyrinthe du quartier juif. Des amas d'immondices servent de lit à des charognes en putréfaction et baignent dans une fange épaisse et noirâtre, ou forment des Alpes qu'il faut franchir sans cesse pour pénétrer dans les carrefours qu'elles obstruent. De chaque porte des maisons, sortent des vapeurs qu'on croirait échappées d'une cuisine infernale. L'odeur de l'ail se fait sentir entre toutes, et prend à la gorge en provoquant d'insurmontables nausées. A travers toute cette fange, où s'ébattent à l'aise les sales enfants de la plus sale des populaces, on voit passer des femmes couvertes de vêtements de soie brodés d'or, et ornées de pierreries. Le samedi, jour du repos, les juives ont coutume de se visiter entre elles et d'aller à leurs cimetières : la richesse de leurs vêtements de fête contraste tellement avec ce qui les entoure et avec leurs habitudes intérieures, qu'on est porté à ne voir en elles que des femmes parées et costumées pour quelque fête de carnaval. Cette impression devient plus vive si l'on assiste à l'une des noces qui se célèbrent presque chaque jour au Mellah.

Ces noces durent plusieurs jours, et offrent toutes le même aspect théâtral, les mêmes péripéties, avec cette seule différence que dans celles des riches, les femmes étalent avec une impassibilité plus complète les richesses que leur vanité tenait en réserve pour ces solennelles circonstances. Vous entrez dans le *patio*, ou cour intérieure de la maison de la fiancée. Vous vous faites jour à travers une cohue de juifs criant de cette voix glapissante et nasillarde qui les distingue. C'est un tumulte à rompre la tête. Les juifs de Tanger sont certainement les gens qui ont la voix la plus aiguë de toute la terre. A chaque pas, vous les entendez vociférer à plein gosier; vous les voyez gesticuler en énergumènes; vous croyez qu'ils vont se prendre aux cheveux. Point : — ils s'invitent à dîner ou s'accablent de mutuelles douceurs.

A peine avez-vous pénétré dans l'enceinte, que d'un angle de la cour s'élève un autre concert dont le tumulte extérieur couvrait les formidables éclats. Voyez l'orchestre : ils sont quatre musiciens : vos oreilles tintent comme sous l'explosion de vingt trompettes. Mais aussi, quelle ardeur! Comme ces yeux roulent sous des fronts plissés, ruisselants, et semblent suivre dans l'espace les notes qui s'échappent triomphalement de ces quatre poitrines ! C'est à qui se surpassera et fera vibrer le timbre le plus aigu. Les quatre bouches se tordent, les quatre virtuoses se démènent comme en proie aux tortures d'un poison violent. Voyez ce gros homme vêtu d'habits jaunes et rouges, et qui semble trôner au milieu des autres musiciens. C'est un musulman, un artiste incomparable dont le père a chanté en présence du sultan, et qu'on appelle à chaque fête du pacha. Il a daigné, moyennant un salaire égal à celui qu'on accorde à tout le reste de l'orchestre, honorer la fête de sa présence et faire entendre quelques morceaux de son répertoire. Il s'est fait donner les tapis les plus moelleux ; on lui verse coup sur coup les meilleurs rafraîchissements. Il paraît pénétré d'un haut respect de sa propre personne. Il a pour sa mandoline, qu'il tourne et retourne avec des délicatesses infinies, les soins idolâtres d'un amant pour la dame de ses pensées. Il la promène gravement au-dessus d'un brûle-parfum qui l'embaume d'une fumée odorante : il aspire lui-même cette fumée en se voilant la tête d'un pan de son burnous, pour emprisonner le nuage vagabond. Il prélude enfin. Il s'anime ; il plane dans les régions supérieures, et sa tête rejetée en arrière, ses yeux perdus dans une vague extase, semblent dire à la tourbe qui admire : « Ce n'est pas pour vous que je prodigue les trésors de mon art divin. » De temps à autre, la puissance de l'orchestre est augmentée par le concours de quelques fougueux *dilettanti*. Les coups sourds des tambourins que frappent en cadence les matrones possédées d'une rage concertante, et, enfin, les glapissements aigus par lesquels s'exprime la joie des femmes et des jeunes filles, achèvent de mettre l'oreille en désarroi, et amènent ce vertige qui s'empare de l'homme sensé placé tout à coup au milieu d'une multitude de fous enragés.

Autour de la cour sont assises les amies de la fiancée, parées de leurs ajustements les plus magnifiques. Ce ne sont que robes de drap d'or, corsages de velours ou de soie à couleurs éclatantes chargés de broderies d'or, diadèmes et mitres d'or et d'argent constellés de perles, de diamants, de rubis et d'émeraudes; colliers de perles soutenant des plaques de diamants, pendants d'oreilles richement ciselés et tombant en anneaux massifs sur les épaules; bracelets, anneaux d'or et d'argent autour des jambes et jusque sur les pieds; enfin, le faste éblouissant des antiques nations orientales.

La façon bizarre dont les femmes peignent leur figure rappelle à l'esprit la fameuse Jézabel, et

.... cet éclat emprunté
Dont elle eut soin de peindre et d'orner son visage,
Pour réparer des ans l'irréparable outrage.

Les cils sont noircis avec une poudre qu'elles appellent *koheul*, et cet artifice prête à des yeux naturellement grands et brillants un éclat singulier et des scintillements étranges. Les unes se contentent d'étaler du vermillon sur leurs joues; les autres les couvrent d'un fard blanc, et y dessinent, avec du cinabre, des triangles qui rappellent les barbares peintures en honneur parmi les sauvages du nouveau monde. Toutes ont les pieds et les mains teints d'une couleur résineuse d'un rouge sombre : elles l'obtiennent en pressant du *henné*, sorte de poix gluante, autour de la partie qu'elles prétendent ainsi embellir. Enfin, en passant sur leurs lèvres et leurs gencives une écorce colorante, elles obtiennent une autre teinture rougeâtre qui met le dernier sceau à tant de charmes.

Chacune de ces femmes vient à son tour au milieu du cercle attentif, et exécute une danse qui n'admet pas les grandes évolutions : elle n'en est que plus caractéristique. La danseuse tourne lentement sur elle-même en précipitant le battement de ses pieds, qui quittent à peine le sol. Elle tient suspendue au-dessus de sa tête, pudiquement inclinée, une écharpe de soie qu'elle élève d'une main, tandis que de l'autre elle la retient sur sa hanche. Les hanches ondulent d'abord d'un mouvement à peine sensible qui se développe, toujours plus vif et plus marqué, jusqu'à ce qu'enfin il se change en frétillements et en soubresauts convulsifs. L'art suprême est de restreindre le mouvement aux parties inférieures du corps, de telle sorte que le buste soit immobile. Ces évolutions atteignent un étrange degré d'expression ; à peine peut-on les regarder sans rougir ; et cependant des jeunes filles, presque des enfants, apprennent avec ardeur ces danses qui exigent certainement des notions précises et étendues sur l'art de provoquer aux grossières voluptés. — Telles sont, au Maroc, les vierges d'Israël.

Je me suis toujours étonné de l'enthousiasme de certains voyageurs lorsqu'ils parlent de la beauté des juives marocaines. Sans doute, la plupart de ces femmes ont des traits plus réguliers, des yeux plus grands et plus brillants que ceux des femmes du nord de l'Europe. Mais aussi, quelle absence de noblesse ! Quelle grossièreté même sur tous ces visages! L'âme semble étouffée sous cette enveloppe opulente, et jamais la sensibilité ne vient illuminer ces traits mornes et froids. Les yeux sont purs et doux, mais de cette douceur inanimée qui est propre aux yeux des génisses ruminant à l'aise au milieu d'herbes grasses. Non, les juives du Maroc ne sont pas belles. La fraîcheur du teint, l'éclat d'une beauté qui s'épanouit à l'abri des orages de l'esprit et du cœur, font presque tout le charme de ces êtres qui croissent et se développent à l'ombre de leurs alcôves, et à la manière des plantes grasses; encore ces charmes ne font qu'apparaître pour s'évanouir aussitôt. Le soin que les juives, comme toutes les femmes de l'Orient, prennent de s'engraisser de bonne heure, ne tarde pas à en faire des êtres informes qui deviennent repoussants bien avant la quarantième année. Ces traits feront assez comprendre que les grâces délicates ne se révèlent pas au sein du peuple israélite marocain. Tout y est matière, et rien de plus. Les cérémonies religieuses n'échappent pas à ce cachet de grossièreté : les bœufs qu'on égorge en présence des invités, le sang de ces victimes qui couvre les murailles et dont on asperge l'assistance, les mets qu'on dévore depuis le lever jusqu'au coucher du soleil, les parfums qu'on prodigue, tout enfin, jusqu'au luxe sans art qui fatigue et éblouit, rappelle cet « *Israel incrassatus*, *impinguatus*, *dilatatus*, » à qui Moïse reprochait ses grossières préoccupations.

Les fêtes du mariage finissent par une procession qui conduit la mariée dans la maison de son époux. Pendant les huit jours que durent ces fêtes, la fiancée est restée assise sur un lit de parade, entourée de ses plus jeunes compagnes. Elle a passé les dernières heures sur un trône élevé, grave, muette, les yeux baissés, ne trahissant, par aucun mouvement, les émotions intérieures, et surtout la fatigue qui l'accable. Elle a dû résister aux facéties et aux provocations des assistants, qui se font parfois un plaisir de mettre à l'épreuve l'empire qu'elle doit garder sur tous ses sens. Enfin, un dernier effort des matrones savantes dans l'art de la parure et de la coquetterie ajoute à sa splendeur et à ses ajustements. La victime est ornée pour le sacrifice : on la couvre d'un long voile traînant. Les amis du fiancé l'enlèvent à bras sur son trône, et la procession part, chantant sur des tons criards et avec d'aigres voix en fausset les poésies du roi-prophète, qu'on ne saurait guère traduire en accents plus déchirants. Cette procession se fait la nuit, aux flambeaux. Vue de loin, au milieu des rues blanchâtres éclairées par la pâle lueur des étoiles, elle offre un aspect vraiment fantastique.

Tel est l'appareil dont on environne les unions qui perpétuent la race la plus patiente et la plus torturée du globe.

CHAPITRE X

LES DOCTEURS. — LES SAINTS. — LE COMMUN DES FIDÈLES.

On est dans le vrai en affirmant qu'aujourd'hui peu de musulmans connaissent l'esprit de la loi donnée par leur prophète sous la dictée de l'ange Gabriel. La lettre de la loi est devenue l'unique source à laquelle puisent les esprits les plus cultivés; lire le Coran, le citer à propos ou hors de propos, tels sont les titres à la qualification de savant, de docteur. Les grands commentateurs des premiers siècles de l'islamisme sont toujours vénérés, mais peu de musulmans, parmi les plus lettrés, ont une complète connaissance de leurs travaux. Les docteurs, les ulémas, les marabouts, sont aujourd'hui des casuistes ridicules. Leur intelligence, fermée à ce qu'il y a de vraiment grand et utile dans le Koran, est sans cesse en délibération sur des points aussi graves que les questions agitées par le petits-boutiens et les gros-boutiens de *Gulliver*.

L'horloge d'une mosquée de Tanger ne marchait plus. Il ne se trouvait dans toute la ville qu'un certain Génois qui pût la réparer. Mais ici se présentait une sérieuse difficulté : il est interdit aux chrétiens d'entrer dans les mosquées, et le Génois cependant ne pouvait monter dans le minaret sans franchir le seuil sacré. — Après plusieurs jours de délibérations, les docteurs formulent cet avis : « L'urgence de la réparation est un motif suffisant pour qu'on laisse le chrétien franchir le seuil de la mosquée. On exigera seulement qu'il quitte sa chaussure ; son travail tournera à la gloire de Dieu et du Prophète. » Le chrétien est appelé, il refuse. « Je ne quitte pas mes souliers quand je me présente devant la madonna santissima ; jamais je n'en ferai davantage pour entrer dans votre mosquée. » On insiste, mais le Nazaréen avait la tête dure et l'humeur récalcitrante, on ne put vaincre sa résistance. Le cas devenait grave. Nouvelles délibérations. — Les avis étaient contradictoires, on ne décidait rien. Un vénérable s'exprima ainsi : « Quand la mosquée a besoin de réparations intérieures, on y laisse pénétrer un âne chargé de briques, de chaux et des matériaux nécessaires ; et cependant, on ne le dépouille pas de ses sabots. Que le chrétien entre donc : c'est un âne, un âne têtu dont nous ne pourrons rien obtenir ! » Le Génois entra dans la mosquée ; seulement, on marqua, on lava, et on blanchit soigneusement à la chaux la place où son ombre avait passé.

Mahomet proscrit la magie et les augures : les docteurs accréditent les pratiques et les croyances de la magie et de l'astrologie. Ils craignent le mauvais œil, vénèrent les amulettes, auxquelles ils attribuent évidemment une efficacité universelle, puisqu'ils en offrent aux chrétiens et leur en conseillent l'usage. Ils professent un respect sans bornes pour les *saints*, personnages dégoûtants qu'on voit errer en grand nombre dans les villes et surtout dans les champs de sépulture, où leur aspect hideux rappelle ce que les fables de l'Orient nous ont appris des goules voraces, avides de cadavres. La plupart, femmes ou hommes, sont à peine vêtus de guenilles infestées de vermine, et n'ont jamais connu les soins les plus vulgaires de la propreté ; quelques-uns même vont entièrement nus, et, perchés comme des cigognes sur quelque tertre élevé, étalent cyniquement leur nudité au grand jour. Le peuple partage le respect des docteurs pour des êtres qu'on l'accoutume à considérer comme doués d'une grande influence sur les événements publics et privés. Grâce à cette opinion, les *saints* jouissent d'une liberté à laquelle on n'oppose guère de limites. Ils sont l'objet d'une sollicitude qui ne les laisse jamais dépourvus. Ils entrent à toute heure dans les plus riches maisons, où leur présence est considérée comme un bienfait. Ils prennent librement ce qu'ils veulent, et les plus pauvres s'en estiment honorés. Les femmes recherchent leurs faveurs et s'en enorgueillissent : la sainteté est transmissible de père en fils. Les enfants qui naissent au hasard de ces unions fugitives seront eux-mêmes des saints, et c'est un honneur pour les familles de compter un saint parmi leurs membres ; aussi les pères et les maris s'estiment-ils favorisés, si quelque saint daigne jeter les yeux sur leurs femmes ou sur leurs filles. Les sultans eux-mêmes ont toujours feint de respecter ces êtres privilégiés, et n'osent réprimer leurs plus hardis attentats.

On aura une juste idée de la terreur que nous inspirons au gouvernement marocain, en apprenant qu'aujourd'hui nos consuls demandent et obtiennent la punition des outrages que les saints ne manquent guère d'adresser aux chrétiens qu'ils rencontrent. Il en résulte que la multitude se montre empressée à prévenir ces outrages. Souvent, comme je parcourais les campagnes voisines de Salé et de Rabatt, j'ai été assailli à l'improviste par quelque saint dont la fureur s'était allumée à la vue d'un infidèle. Les Arabes, qui m'épiaient, accouraient alors et l'enlevaient hors de sa portée, me suppliant de ne pas faire attention aux paroles d'un insensé. Les musulmans, en telle circonstance, ne manquent jamais d'alléguer la folie pour excuse.

Au Maroc, pour être inscrit au catalogue des saints, il suffit d'être fou, idiot, imbécile, ou même de savoir paraître tel. Le titre de saint se donne aussi à quelques sombres dévots qui savent étonner par des pratiques ou des mœurs singulières : ceux-là sont les plus malfaisants. Le respect dont les musulmans entourent les insensés aurait quelque chose de touchant s'il s'adressait toujours à des infortunés privés de raison, et s'il exprimait une pitié inspirée par le malheur. Mais, outre que les priviléges accordés aux saints constituent un outrage permanent à la raison et aux mœurs, ils couvrent le plus souvent l'hypocrisie et les vices grossiers de ceux qui demandent à cette singulière profession des avantages plus enviables que ceux qui résultent de la vie ordinaire. Beaucoup de fourbes affectent donc les dehors de la folie, et profitent de la crédulité, qui songe rarement à examiner leurs droits ou à contester leurs priviléges et leur sainteté. Les uns sont fous furieux ; les autres rient sans cesse aux éclats; d'autres pleurent; d'autres ne cessent de prier à haute voix, ou de débiter des paroles habilement ménagées pour l'effet qu'ils en attendent. La foule recueille ces paroles comme autant de révélations. « Leur esprit, dit-on, s'est envolé à Dieu! *Emcha and Allah!* » Chaque fois que leurs lèvres laissent échapper des notes entre-coupées, c'est Dieu même qui se substitue à leur raison absente et qui prononce des oracles. — Il est aisé de concevoir tout ce qui résulte d'une semblable opinion, profondément enracinée. Lorsqu'un saint affirme quelque fait, ce fait, fût-il contraire à l'évidence, est aussitôt accepté comme incontestable. Je rencontrais souvent au café de Rabatt un de ces imposteurs dont le public recueillait avidement les mensonges. Il se vantait d'être invulnérable, et racontait que lors du bombardement de Salé par les Français, il traversait la rivière, allant et venant sur une barque qui obéissait d'elle-même à sa volonté, et arrêtant de la main les bombes et les boulets qui tombaient inoffensifs à ses pieds. Pas un homme, parmi les plus éclairés qui l'écoutaient, ne sourcillait au récit de cet exploit. J'essayai vainement de faire comprendre l'absurdité d'un pareil conte : « Cela, me disait-on, s'est passé publiquement, et personne, dans les deux villes, ne saurait élever le moindre doute sur le pouvoir de ce saint personnage. Mais tu appartiens à une race savante; tu ne sais pas que Dieu a donné tant de bien aux ignorants que le savant en demeure stupide. » J'eus recours à un argument dont j'espérais le plus grand effet. « Place-toi à trente pas, dis-je au saint. Je choisirai un but que tu couvriras de ta main étendue, et j'y enverrai une balle que, par la vertu dont tu es doué, tu saisiras au vol. Si tu consens, tu auras convaincu un Nazaréen au cœur dur et à l'âme rebelle. » Mon homme cligna les yeux et me dit : « Ami, pourquoi tenterais-je Dieu? Il m'a rendu invulnérable aux boulets ennemis; me protégerait-il contre les balles d'un ami? Aucun ami n'a encore tiré sur moi; à Dieu ne plaise que j'en fasse l'épreuve! »

Un Français résidant à Mogador avait remarqué un saint qui, depuis longtemps, semblait s'attacher à ses pas et chercher l'occasion de le rencontrer sans témoin. Son œil brillait d'un éclat malin et mystérieux. Un soir que le Français attardé se pressait pour regagner son logis, une voix l'arrête dans les ténèbres : « Monsieur! hé! monsieur! il y a bien longtemps que je cherche à vous parler. » Et le saint s'avançait, regardant au loin avec circonspection. « Monsieur, dit-il, quoique je vous voie surpris de m'entendre parler votre langue, je crains que la façon dont je la prononce aujourd'hui ne vous aide pas à reconnaître en moi un compatriote. Je suis cependant Auvergnat, monsieur, enfant du Cantal! » Le Français se croyait l'objet de quelque illusion. Enfin, il lui fallut se rendre à l'évidence qui ressortait des récits du saint. Cet homme avait quitté l'Auvergne depuis trente ans, pour se rendre dans les colonies. Le navire qui le portait s'était brisé sur la côte d'Afrique. Parmi les naufragés, quelques-uns se noyèrent, et les autres furent pris par les Bédouins pillards et emmenés en esclavage. L'Auvergnat, dans un accès de furieux désespoir, avait paru aux Arabes un être privé de raison. Il s'était vu entouré de respect et de soins religieux, et avait pris le parti de simuler un état de démence qui lui était avantageux. Il trouva tant de bien-être dans cette condition, qu'il avait renoncé à s'échapper et à revoir les montagnes de l'Auvergne, où il avait passé une jeunesse misérable. Sans souci d'une femme et de deux enfants qu'il y avait laissés, il adopta résolûment une autre patrie, une autre famille et d'autres destinées. A toutes les offres de repatriement qui lui furent faites plus tard avec instance, à toutes les considérations tirées du sentiment et de l'honneur que lui présenta le Français auquel il s'était fait connaître, il répondit enfin : « Je suis vieux, j'ignore ce que sont devenus ma femme et mes enfants d'Auvergne. Peut-être, s'ils existent, refuseront-ils de me reconnaître, et, à coup sûr, je retomberai dans mon ancienne misère. Il est douteux que ma femme, si elle vit, m'ait gardé son cœur : je vieillis ici dans l'abondance ; j'y coule une vie tranquille et honorée, je ne ferai pas la folie d'y renoncer ; je n'irai pas chercher ailleurs quelques pouces de terre pour recouvrir mes os ! Grand merci de vos bonnes intentions ; je n'attends de vous qu'un seul service : le secret. » Et notre saint porte avec ferveur les haillons de sa sainteté aux yeux des chrétiens qui ont bien voulu garder le silence.

Il est aisé de concevoir qu'en descendant des rangs choisis la crédulité revêt des formes dignes des époques ténébreuses de l'histoire. Si les fables et les opinions puériles entraînent les savants et les docteurs, par quels traits peindre l'empire qu'elles exercent sur la multitude ? On ferait un très-gros livre des folles imaginations sorties de tant de cerveaux brûlés par le soleil, et surexcités surtout par des rêves de sang et de volupté : constatons seulement que, chez ce peuple, les mauvais rêves de l'âme s'engendrent sous les formes les plus monstrueuses et avec une fécondité analogue à celle de la vase empoisonnée des marais du nouveau monde, dont les fleurs même n'ont que des parfums meurtriers.

Il y a cependant un certain nombre de musulmans qui ne marchent pas franchement dans la voie commune, et qui s'affranchissent en secret des obligations acceptées par leurs frères plus zélés. Dans les villes maritimes surtout, où les indigènes vivent en contact incessant avec les matelots chrétiens, il est facile de remarquer que l'hypocrisie, née de la défiance et de la crainte, tient seule sous le joug une partie notable de la population. La classe des soldats fournit un nombreux contingent de secrets prévaricateurs. Enfin, si l'on pénétrait les mystères de beaucoup de maisons des plus considérées, on verrait que le dieu Bacchus y reçoit un culte fervent et assidu.

Les traditions de la science elle-même n'ont pas survécu au naufrage de la raison publique. Il est impossible de mesurer les abîmes qui séparent Averrhoès et Avicenne des modernes adeptes de la médecine marocaine. Les plus sensés, parmi eux, prescrivent contre toute espèce de maladie l'usage du fer rougi au feu et appliqué sur le gras des jambes. Ce puissant moyen révulsif agit d'ailleurs heureusement dans quelques cas. Quelquefois aussi ils indiquent l'usage des ventouses, et les indigènes se les appliquent de cette rude façon qui caractérise tous leurs procédés et toutes leurs habitudes. Ils recouvrent d'un pot de terre, ordinairement le même qui leur sert à boire du lait, la partie qu'ils veulent soulager, et sur laquelle, préalablement, ils ont allumé un papier ou un morceau d'étoffe. Ces remèdes, qui nous paraîtraient violents, n'altèrent jamais l'impassibilité de leur physionomie. Je ne sais à quelle cause on pourrait principalement attribuer la constance que ces gens-là déploient dans les douleurs. Est-ce à des nerfs moins sensibles? est-ce à l'influence d'un moral endurci par des croyances fatalistes? Je me rappelle toujours avec étonnement un Maure, du nom de Mabrouk, que j'eus à Tunis à mon service. Il avait pris l'habitude de se lever la nuit pour caresser mes bouteilles de vin de France. Je dus le congédier. Avant de partir, il me jura par tous les serments à son usage que de sa vie il ne boirait plus de vin. Un réchaud allumé flamboyait près de nous; il ôta la cafetière qui y bouillait, prit avec les pinces un charbon rougi à blanc, et le promena à quatre reprises le long de sa jambe. La chair fumait, Mabrouk levait les yeux comme en extase, et disait : « Ceci est une marque du serment que je fais : Puissé-je griller ainsi tout entier si je bois encore du vin, liqueur maudite de Dieu et du prophète ! » Ai-je besoin d'ajouter que vingt fois depuis je rencontrai Mabrouk trébuchant et cherchant à s'affermir sur ses jambes avinées?

J'ai dit ailleurs avec quelle constance les musulmans supportent tous les genres de torture plutôt que de livrer leur trésor. On a vu des voleurs subir sans sourciller l'amputation de la main droite, quelquefois même l'effectuer de leur propre main gauche, et plonger le membre meurtri dans la résine bouillante, sans qu'il fût possible de surprendre sur leur visage la moindre marque de défaillance. Les *aïssaoua* [1], secte fanatique très-nombreuse au Maroc, se livrent à des danses furieuses qui paraissent exiger des forces surhumaines, mangent ou plutôt dévorent des ânes et des moutons vivants, des bouteilles de verre [2], des serpents venimeux qui les

[1] Les aïssaoua sont une des trois principales confréries religieuses répandues dans le Maroc. Les autres sont celle des moulaï-thaieb et celle des derkaoua. Les membres de ces conféries sont désignés sous le nom générique de *khouan* (frères). Nous n'avons donné aucun développement sur ce sujet, qui a été l'objet d'études spéciales et très-étendues.

[2] Le kaouadji dont je fréquentais l'établissement était un *aïssaoui*. Je l'ai vu broyer une bouteille de litre, la dévorer, et manger, *comme digestif*, un des charbons rouges de son fourneau.

mordent avec rage, des scorpions dont les piqûres font ruisseler le sang sur leurs membres et sur leur visage. J'ai aidé au premier pansement d'un soldat dont le fusil avait éclaté dans une fantasia. La crosse et ses ferrements brisés avaient emporté trois doigts de la main, sillonné le bras en lacérant les chairs grillées, et mis l'os à nu jusqu'à l'épaule. Le sang coulait à flots des veines déchirées. C'est à peine si le malade poussait quelques soupirs contenus.

La poudre de colophane arrêta l'hémorrhagie. Le médecin que j'accompagnais allait se retirer. Il jugeait l'homme perdu; et, entre autres recommandations banales qu'il faisait à la famille, il avertit qu'il ne fallait rien donner au malade, condamné à la diète la plus rigoureuse. Celui-ci tourna la tête et avec un regard inquiet et suppliant : « *Tebeb* (médecin), ne pourrais-je donc goûter à ce bon mouton que ma femme avait si bien accommodé pour la nuit? — Malheureux, si tu manges, la fièvre te prend, et tu es un homme mort! — Ce qui est écrit est écrit! si je dois mourir, je me serai vainement privé de ce bon mouton si bien accommodé. » Il fallut faire enlever par un soldat « ce bon mouton si bien accommodé, » et mettre un autre soldat en faction auprès du blessé, avec défense, sous menace du bâton, de rien lui laisser manger jusqu'au retour du médecin. Ce malade philosophe ne mourut pas. Je l'ai revu lors d'un second voyage que je fis à Tanger.

La multitude applique dans beaucoup de cas les ventouses et le fer chaud; mais elle place surtout sa confiance dans les talismans et consulte plus volontiers les médecins-sorciers, qui abondent dans tout le Maroc. A Tanger, une jeune dame européenne était depuis longtemps malade. Je lui fis un jour la proposition de lui amener pour la distraire un sorcier célèbre de la province de *Sous*; elle accepta. Le sorcier, Sidi Abd-Esselam, vint avec un indigène que j'ai déjà présenté au lecteur : c'était mon nègre au taureau. Mes deux hommes accroupis, la cérémonie commença. Ce furent d'abord des invocations à tous les saints de l'islamisme, des malédictions sur Chîtan, des inclinaisons de tête et des roulements d'yeux du plus haut tragique. Puis Abd-Esselam se leva, et demanda un fil de soie noire. Il s'approcha de la jeune dame, dont il saisit la main : elle la retira vivement et me déclara que ce singe crasseux et puant ne devait ni la toucher ni l'approcher. Trop de raisons justifiaient cette rigueur. Je fis entendre au sorcier que les femmes françaises n'ont guère de goût pour les sortiléges étrangers, étant elles-mêmes quelque peu sorcières. « Alors, dit-il, mesure la longueur des dix doigts des mains successivement, et aussi la largeur de ces mains. » Je fis ce qu'il demandait. Il reprit le fil, répéta sur ses propres mains les mêmes opérations, et en tira apparemment des révélations importantes, qu'il consignait avec soin sur un petit carré de papier. Je compris qu'il composait un talisman : les chiffres et les signes mystérieux s'alignaient d'une façon régulière. Le benjoin, consumé dans un brûle-parfum, chassait pendant ce temps-là les mauvais génies qui rôdent dans les airs : le sorcier ne leur reconnaît pas le droit de prendre connaissance du talisman écrit contre eux. Le sorcier me déclara enfin qu'il avait trouvé un charme puissant dont l'effet ne se ferait pas attendre. « Cette femme, me dit-il, se promenait, lorsqu'un des génies qui rampent dans la poussière a été froissé sous ses pieds. Il est alors entré en elle, et il se venge en la faisant souffrir d'un mal lent qui la consume. — Miséricorde! et comment la délivrer? — Voici : elle coudra ce talisman dans un sachet, et le portera sur elle nuit et jour. Elle renoncera à tout autre aliment qu'à du millet pilé dans du miel. Pour breuvage, elle boira le bouillon qu'elle obtiendra en faisant bouillir chaque jour, et sept jours de suite, dans de l'eau pure, un coq *noir* et *vierge*. Au septième jour, elle commencera à couper ses ongles : le génie, forcé par mon talisman, se sera réfugié dans ces extrémités. Elle les coupera à mesure qu'ils repousseront, et le génie, privé de son dernier refuge, finira dans sa rage par la quitter brusquement. C'est alors qu'elle sera guérie. »

Sidi Abd-Esselam se retira comblé de petits présents.

Quelle que soit l'influence des médecins-sorciers sur le vulgaire marocain, la réputation des médecins chrétiens est telle que les malades entreprennent de très-longs voyages pour consulter ceux qui résident à Tanger. Là, comme partout ailleurs, l'appareil imposant de l'officine pharmaceutique force au respect les esprits ignorants et naïfs. Le *signe* surtout est considéré, au point que des centaines de malades ont avalé l'ordonnance écrite par le médecin chrétien, et se sont ainsi prétendus guéris.

En rassemblant un grand nombre de traits d'un ordre familier, on peint mieux que par des descriptions générales les mœurs et les usages de la population marocaine. Ceux que j'ai réunis dans ce chapitre suffisent à démontrer que l'islamisme *occidental* est tombé en enfance, dans son enseignement public, dans ses héros et dans ses disciples; dans ses *docteurs*, dans ses *saints* et dans le *commun de ses fidèles*.

CHAPITRE XI

LÉGENDE. — HISTOIRE.

Le Maroc a-t-il toujours été ce qu'il est? — En consultant ses annales, on voit qu'il a eu son *grand siècle*, siècle de puissance, de gloire, de civilisation très-supérieure à celle qu'on observe, dans le même temps, chez la plupart des nations de l'Europe.

C'est aux annalistes maures ou espagnols qu'il faut demander le récit du long antagonisme de peuples et de dynasties dont les phases remplissent l'histoire du Maroc jusqu'au siècle dernier. Nous passons rapidement en revue l'ensemble de cette histoire; cette excursion dans le domaine des faits généraux est un élément d'appréciation qui donnera leur juste valeur aux observations d'un ordre particulier.

L'origine de la puissance mauresque a été l'objet de récits merveilleux. Nous choisissons, entre tous, celui de l'historien le plus accrédité[1], et nous le présentons avec son caractère légendaire.

[1] El-Kartas.

Des plaines brûlantes de l'Arabie, une race nouvellement née à la vie publique s'était lancée à la conquête de la terre; elle se ruait avec une force irrésistible sur toutes les routes du vieux monde romain. Mahomet avait légué le Koran à ses fidèles: porté par leurs mains enthousiastes, le flambeau de cette loi nouvelle versait des lueurs dévorantes sur tous ceux qui refusaient de marcher à sa lumière.

A la voix des kalifes, le génie oriental évoquait ses anciennes splendeurs, et la maison d'Omar recueillait le fruit de plus d'un siècle de combats; la poésie chantait les merveilles d'une foi voluptueuse; le règne d'Haroun-al-Rachid se préparait. Tout à coup la révolte éclata dans la famille du Prophète, et faillit placer l'empire entre les mains d'Ali; mais un combat sanglant, livré sous les murs de la ville sainte, ruina l'espoir des princes Alides: les uns furent massacrés, les autres ne durent leur salut qu'à la rapidité de leur fuite.

Eddriss fut de ces derniers; il atteignit les solitudes de l'Égypte, où il réussit à se tenir caché quelque temps. Ouâdi, surintendant des ports de la province et partisan des Alides, connut bientôt le sort d'Eddriss, découvrit le lieu de sa retraite, et le supplia de fuir un pays où il était si peu en sûreté; il lui offrait les moyens d'accomplir cette fuite sans trop de périls. Eddriss quitta l'Égypte, et, à travers mille hasards, arriva dans le Moghreb-el-Aksa, à l'extrême occidentale de l'Afrique, n'ayant pour compagnon que son affranchi Rachid.

Par ses mœurs austères et ses dévotions ardentes, le proscrit ne tarda pas à mériter la réputation d'un saint. Retiré sur la montagne de Zaâroun, au milieu d'une âpre solitude, il passait son temps dans la prière, dans la contemplation, dans les pieuses pratiques d'un solitaire épris de Dieu. Le bruit de ses malheurs et son origine illustre accroissaient de jour en jour la vénération dont il était l'objet. Il errait souvent dans les campagnes incultes que dominait sa retraite. Un jour, après une longue marche à travers des collines sauvages, il arriva tout à coup en vue d'une plaine immense entourée d'un horizon de belles montagnes; une large rivière y déroulait ses méandres sous des bosquets en fleur, entre des rives où croissait la plus riche végétation. Le soleil descendait à l'horizon; l'ombre s'élevait du pied des montagnes, et les derniers rayons du jour empourpraient le sommet de quelques ruines enlacées de lianes traînantes. La lumière était si pure, l'horizon si transparent, qu'au loin, sur la crête des collines, on voyait les palmiers et les aloès dessiner dans l'or pâle du couchant leurs formes grêles et leurs flèches déliées. L'abondance des eaux, la fraîcheur et le luxe des ombrages présentaient aux regards d'Eddriss le plus riant tableau. Il contemplait surtout avec étonnement les ruines éparses dans ces campagnes livrées au silence et à l'abandon. En présence de ces vestiges des siècles passés, il se laissait aller à l'amertume de ses propres souvenirs. Quand le regard de l'homme se repose sur des ruines, son esprit s'éveille à des pensées graves et doucement tristes; debout entre ce qui n'est plus et ce qui n'est pas encore, il sent mieux la fuite des années et l'approche des heures qui, de lui aussi, feront une ruine.

Plongé dans ses réflexions, Eddriss regardait vaguement devant lui, quand un homme parut tout à coup à ses côtés : c'était un vieillard, un de ces anachorètes chrétiens comme il s'en trouvait alors dans toutes les solitudes; il vivait depuis longtemps dans ces déserts, et semblait si chargé d'années qu'il rappelait par son aspect les patriarches des premiers âges.

« Mon fils, dit-il, ces solitudes, où l'homme ne pénètre aujourd'hui que pour y vivre sous le regard de Dieu, ont été couvertes de temples et de palais. Dans cette grande cité, dont l'herbe et les broussailles couvrent les débris, un peuple riche et industrieux a connu tous les soins de la vie; de ces ruines que tu contemples va sortir une ville nouvelle qui deviendra le centre d'un puissant empire. Celui qui tue et qui fait vivre t'a conduit ici des régions de l'Orient : prince, tu seras le fondateur de cet empire! »

Que cet épisode soit vrai ou supposé, il n'en est pas moins certain que tout à coup Eddriss quitta sa retraite, vint à Oualîli, ville alors populeuse et fréquentée, et se fit proclamer souverain de la ville et des tribus d'alentour. Les musulmans se soumirent à lui comme à un descendant direct du prophète. Les chrétiens et les juifs, qui étaient en grand nombre, mais disséminés, et sans lien politique, durent mourir ou se soumettre à la loi islamique. Les premiers édifices de Fez devinrent le siége d'une domination qui devait s'étendre sur toute l'Afrique occidentale, jusqu'aux confins du désert, et sur une partie de la péninsule espagnole.

Eddriss parcourait le Moghreb en conquérant; le proscrit sans asile était devenu un puissant prince; la terreur de son nom le précédait et lui préparait la victoire. Mais, tandis qu'il chassait devant lui tribus et peuplades, la vengeance du kalife de Bagdad le suivait lui-même pas à pas, et n'attendait qu'une occasion favorable pour le frapper sûrement. Eddriss, fatigué de ses triomphes et pressé d'en assurer le fruit, était revenu à Oualîli. Un jour qu'il souffrait cruellement d'un mal de dents, un étranger, Soliman Ben-Hariz, qui avait su gagner sa confiance et qui vivait dans son intimité, lui présenta un petit flacon plein d'une essence dont le parfum, disait-il, devait calmer ses douleurs. A peine Eddriss l'eut-il respiré qu'il tomba privé de connaissance et s'éteignit dans un assoupissement profond.

Rachid, cet affranchi qui s'était dévoué à Eddriss à travers toutes les vicissitudes de sa fortune, avait depuis longtemps pressenti la trahison. En présence de son maître expirant, il ordonne qu'on se saisisse de Ben-Hariz : l'assassin avait déjà quitté la ville. Rachid saute en selle et s'élance sur ses traces; il l'aperçoit bientôt et s'acharne à sa poursuite.

La Moulouïa traverse la plaine immense où Rachid allait enfin atteindre le fugitif. Ben-Hariz entre dans le fleuve; Rachid, le sabre haut, presse les flancs de son cheval, qu'un bond prodigieux porte à côté de celui de Ben-Hariz. Mais c'était le dernier effort d'une vigueur épuisée, le cheval s'affaisse pour ne plus se relever. Rachid voit avec rage que l'empoisonneur va lui échapper; d'un coup de son cimeterre il abat la main droite de Ben-Hariz, qui, mutilé, parvient à s'enfuir, et il rapporte à Oualîli ce trophée d'une incomplète vengeance.

Ben-Hariz était un émissaire du kalife Haroun-al-Rachid, qui l'avait chargé du soin de poursuivre sa vengeance contre la race d'Ali. Il s'était d'abord arrêté à la cour d'Aglab, prince ambitieux, qui tâchait de s'affermir dans le gouvernement de la province d'Afrique et d'établir à Kaïrouan le siége d'un pouvoir héréditaire dans sa famille. Aglab et Eddriss, fondant chacun un royaume séparé l'un aux dépens de l'autre, se haïssaient mortellement. La trahison de Ben-Hariz servait donc à la fois les intérêts aglabites et la haine du puissant *Émir-Al-Moumenin* (prince des croyants).

Échappé à grand'peine à la poursuite du serviteur d'Eddriss, Ben-Hariz va chercher auprès de ses maîtres la récompense d'une perfidie qui lui est devenue funeste. Les amis d'Eddriss sont dans la douleur ; mais un jour la joie éclate parmi eux, et le bruit des louanges et des bénédictions étouffe celui des imprécations et du désespoir. Eddriss aura un vengeur ! Ses exploits, ses conquêtes, tout cet héritage de gloire qu'on croyait à jamais dissipé, repose désormais sur la tête d'un autre enfant d'Ali. Six mois après la mort du prince, une de ses femmes, jeune Berbère, mit au monde un fils dont la naissance ranima le zèle de tous les partisans de sa race.

Eddris-ben-Driss, à l'âge de douze ans, saisit d'une main ferme les rênes du pouvoir. Il était beau, éloquent, bien instruit dans la religion et l'histoire du Prophète. Il acheva la construction de la ville de Fez, où il établit sa résidence; il fit bâtir la magnifique mosquée qui porte son nom et où son tombeau est aujourd'hui vénéré. Il soumit six cents tribus indigènes. Il méditait la conquête de l'Andalousie, quand la mort vint le surprendre dans la force de l'âge. Un grain de raisin l'étouffa et mit fin aux immenses travaux du jeune chef, le véritable fondateur de l'empire du Moghreb. Pendant la durée d'un siècle et demi, la race illustre d'Eddriss donna au Moghreb les souverains dont le génie et les talents surent réunir les éléments d'une splendeur qui mit leur empire au premier rang parmi les puissances musulmanes. Sous la domination des princes Eddrissites, Fez devint l'émule et la rivale de Bagdad[1]. Elle eut ses doc-

[1] On y enseignait l'astronomie, la géométrie d'Euclide, la cosmographie, la géographie de Ptolémée, la physique et la logique d'Aristote, l'alchimie, la médecine, les sciences

teurs, ses savants, ses historiens, ses poëtes, ses artistes, son université, dont la réputation, au moyen âge, s'étendit dans toute l'Europe.

Les Fatimites, les Zéirides, les Almoravides continuèrent avec plus ou moins de gloire et de succès l'œuvre des Eddrissites. Le chef de la dynastie almoravide, Abou-Bekr, est le premier sultan du Moghreb qui prit le titre d'*Émir-Al-Moumenin*, et qui se constitua ainsi en antagonisme religieux avec les kalifes orientaux. Ce titre de suprématie spirituelle a été revendiqué depuis par tous les sultans ses successeurs, et Sidi-Mohammed, aujourd'hui régnant, le proclame quatre fois en tête de chacune de ses lettres impériales.

Le deuxième prince almoravide, Ioussef-ben-Tasfin, se signala par l'éclat et par l'étendue de ses conquêtes : il subjugua toutes les contrées de l'Espagne alors soumises aux Arabes orientaux, et il eut la gloire de fonder la seconde capitale du Moghreb, *Maroc*, qui plus tard a donné son nom à tout l'empire.

C'est sous les premiers princes de la famille

naturelles. Un de nos célèbres grammairiens, Nicolas Clénard, alla étudier en 1541 à l'université de Fez, et data de cette ville plusieurs lettres qui témoignent de son admiration pour les travaux des maîtres arabes.

Almoade que l'empire du Moghreb parvint au plus haut point de grandeur et de force. Le sultan *Al-Mansour* (Almanzor des chroniques espagnoles) est le représentant le plus illustre de ce siècle de gloire. Conquérant redoutable, politique consommé, ce kalife nourrissait les plus vastes projets, et appliquait à en poursuivre l'exécution tous les efforts d'un génie prévoyant et infatigable. Maître absolu du détroit, il travaillait sans relâche, dans l'intérêt de ses conquêtes, à relier entre elles, par un système de concentration et d'unité, les races et les tribus ennemies qui se disputaient l'immense territoire dont ses armes l'avaient rendu possesseur; il cherchait surtout à détruire la rivalité dangereuse qui s'était établie entre Fez et Maroc, et qui résultait de la position même de cette seconde capitale au sud de l'empire. Fez et Maroc menaçaient de se constituer en royaumes indépendants. Yakoub, pour conjurer ce danger, voulait transporter à Rabatt et à Salé le siége de sa puissance. Réunir ces deux villes, en faire la capitale de ses vastes États, telle fut la pensée dominante de tout son règne. Pour comprendre l'importance de ce dessein, il suffit de jeter un regard sur la configuration topographique de l'occident africain. La chaîne de l'Atlas coupe en deux le territoire marocain, et les montagnes, peuplées par les farouches Berbères, qu'aucune puissance n'a jamais pu dompter, sont une barrière naturelle qui empêche toute communication directe entre le nord et le sud de l'empire. Une seule route permet la circulation et le mouvement entre Fez et Maroc : c'est celle qui, partant de ces deux villes, aboutit aux dernières collines de l'Atlas, sur le rivage même de l'Océan, et vient tourner à ce point extrême la chaîne infranchissable des montagnes. Ce point unique est marqué par la large embouchure de l'oued-Bou-Regreg, dont les eaux, au sortir d'une vallée étroite et sinueuse, arrivent tout à coup dans l'Océan. Sur la rive nord du fleuve s'élève l'antique ville de Salé, dont la fondation remonte aux Carthaginois; la rive gauche est protégée par la ville de Rabatt, qui dut être, dans l'origine, un faubourg salétin.

Grâce à cette position, ces deux villes sont nécessairement le centre de la vie politique de l'empire. Soumises, elles permettent aux sultans de régner à la fois sur Fez et sur Maroc, en résidant alternativement dans ces deux capitales ; indépendantes, elles font de Fez et de Maroc deux royaumes séparés ; et c'est ainsi qu'on les voit, dans le cours de leur histoire, favoriser à leur gré les vues des princes du Sud ou celles des princes du Nord. Le génie prévoyant d'Al-Mansour avait deviné tous les dangers dont la résidence alternative à Fez et à Maroc devait être la source pour ses successeurs. En fixant à Rabatt le siége unique de sa puissance, il surveillait la frontière du désert; il jetait au besoin, en cinq ou six jours, une armée dans Maroc; il pouvait concentrer en quatre jours ses forces dans Fez ou Meknez; il trouvait une liberté et une force d'action qui auraient pu, à la longue, effacer les intérêts particuliers de race, de mœurs, de langage, de religion même, dont le choc a amené, malgré les efforts persévérants de plusieurs grands princes, l'affaiblissement graduel et enfin l'état permanent de désordre et de dissolution où se trouve l'empire du Maroc.

Enfin, la position maritime de la nouvelle capitale eût rendu plus énergique la défense des possessions musulmanes, sans cesse menacées en Espagne par les opiniâtres agressions des princes chrétiens; et le voisinage d'immenses forêts permettait d'augmenter les redoutables flottilles qui rendaient inaccesible tout le littoral africain.

Al-Mansour avait pénétré jusque dans les Asturies. Revenu en Afrique après avoir conclu une trêve de dix ans avec les chrétiens, il procédait à l'exécution de ses projets sur Rabatt et Salé, lorsque la mort le surprit à Salé, un an après son retour d'Espagne. Il avait quarante-huit ans. On voit encore aujourd'hui les débris gigantesques de cette entreprise, arrêtée tout à coup par la mort prématurée du grand calife de l'Occident : une triple enceinte de remparts autour de Rabatt, une mosquée qui devait surpasser en grandeur la grande mosquée de Fez, et dont les colonnes, au nombre de plusieurs centaines, ont été arrachées de leur socle; des forteresses échelonnées, qui devaient contenir le torrent berbère, toujours prêt à faire irruption.

Les successeurs d'Al-Mansour, loin de poursuivre la tâche qu'il n'avait pu accomplir, ne purent qu'à grand'peine échapper à une ruine complète, et la dynastie almoade s'éteignit au milieu de revers qui laissaient l'empire dans un état d'épuisement et de décadence dont rien ne pouvait le relever. Des provinces entières s'étaient soustraites à l'autorité des sultans. Les Maures, chassés d'Espagne, poursuivis et battus jusqu'en Afrique, dépouillés de leurs villes maritimes, qui étaient devenues la proie des princes chrétiens, retombaient dans une anarchie chaque jour plus irremédiable. Salé avait conquis son indépendance; l'empire s'était divisé : Fez et Maroc s'épuisaient dans des luttes sans gloire et sans profit.

Sortie des ruines de la dynastie almoade, la famille des Mérinides régna jusqu'au milieu du seizième siècle. Vers 1650, une nouvelle révolution mit sur le trône la famille des chérifs, actuellement régnante. Des pèlerins du Tafilelt avaient amené de la Mekke un certain Moulaï-Ali, descendant de Fatime, fille du Prophète. La disette désolait le Tafilelt depuis plusieurs années, et les dattiers ne donnaient plus de fruit. Or, après l'arrivée du chérif Moulaï-Ali, les récoltes devinrent d'une abondance prodigieuse, et il parut évident à tous que la présence du chérif avait seule appelé sur le pays la bénédiction du ciel. Pour cette raison, Moulaï-Ali fut proclamé roi du Tafilelt. La nouvelle famille eut à reconquérir successivement presque toutes les provinces d'un empire démembré; Fez, Salé, Maroc, et une foule de petits souverains indépendants furent soumis à l'autorité des chérifs *Falelti* (du Tafilelt). L'ambition de ces princes suffit du moins pour rassembler et contenir, avec une apparence d'unité, des éléments depuis longtemps divisés et épuisés.

Le quatrième prince de la dynastie des chérifs doit être particulièrement mentionné pour l'étonnante démarche qu'il fit faire auprès de Louis XIV par son ambassadeur Sidi-Abd-Allah-Ben-Aïssa. Moulaï-Ismaïl, féroce et fanatique, descendait jusqu'à la prière pour attirer au milieu de son harem la fille du roi très-chrétien et de mademoiselle de La Vallière. Sur le récit qu'on lui avait fait des charmes de la jeune princesse de Conti, il lui offrait galamment la meilleure part de ses faveurs. On s'en divertit beaucoup à la cour du grand roi. Cet étrange incident diplomatique, qui peut-être inspira à La Fontaine sa fable du *Lion amoureux*, fut célébré par tous les rimeurs de l'époque. On connaît les vers suivants :

Votre beauté, grande princesse,
Porte les traits dont elle blesse
Jusques aux plus sauvages lieux ;
L'Afrique avec vous capitule,
Et les conquêtes de vos yeux
Vont plus loin que celles d'Hercule !

La férocité, l'amour du sang et de la rapine, sont les traits distinctifs des sultans de la dernière dynastie. Il faut excepter toutefois Moulaï-Soliman, prince généreux et humain, qui abolit de son propre mouvement la piraterie sur les côtes de son empire, et son neveu, Moulaï-Abd-Er-Rahman, dont les mœurs étaient exemptes de cette atroce barbarie qui signale ses prédécesseurs. Abd-Er-Rahman, autrefois simple préposé à la douane de Mogador, n'avait d'autre souci que de tondre le troupeau dont il était devenu le pasteur. Craintif, soupçonneux, cauteleux, parcimonieux, il avait conservé sur le trône toutes les habitudes d'un employé du fisc. Son fils, Sidi-Mohammed, aujourd'hui sultan du Maroc, se trouve engagé, dès le début de son règne, dans une guerre qu'il doit soutenir avec héroïsme, s'il veut faire oublier à ses sujets sa honteuse déroute à Isly. Ses mœurs privées, son caractère connu, font présager un régime de rigueur et d'intimidation : puissent les augures être menteurs!

CHAPITRE XII

L'ADMINISTRATION.

Voyons ce qu'est maintenant l'héritage des califes occidentaux, et étudions dans son ensemble la machine politique et administrative dont le sultan Abd-Er-Rahman a été pendant quarante ans l'habile modérateur.

Le gouvernement marocain est un pressoir dont la hiérarchie politique est la vis, et le sultan le moteur. La matière foulée, c'est tout ce qui n'est ni vis ni moteur. Ce qu'on demande au pressoir, ce sont des flots d'or. Le rôle conservateur du pouvoir se résume en ceci : ménager le jeu de la vis de telle sorte que la partie foulée aujourd'hui puisse s'enrichir d'une nouvelle substance et réserver à l'avenir de nouvelles promesses. Les finances sont l'unique objet qui provoque chez les puissants au Maroc les efforts d'une intelligence fermée à tout le reste. La guerre est au service des finances : la force armée n'est appliquée qu'aux opérations du fisc. La marine est morte : les dernières chaloupes marocaines pourrissent sur le sable de la rivière d'El-Araïch. La justice est une des plus larges sources du trésor impérial. Les travaux publics s'appliquent à remettre quelques poignées de boue et de chaux vive dans les trous et les brèches que les pierres, en s'écroulant, laissent aux mosquées. Les autres édifices éparpillent leurs débris sur le sol. Les maisons tombent, personne ne songe à les rebâtir. Elles se sont crevassées, elles ont menacé ruine, elles ont écrasé leurs habitants accroupis dans leur indolence : c'était écrit! Le koran même, entre les mains des docteurs, est devenu un instrument de dégradation publique. Mahomet serait surpris, s'il revenait parmi ses fidèles, d'entendre les étranges enseignements qu'on fait sortir de sa doctrine. La crédulité, la superstition, sont devenues les seuls remparts de consciences jetées hors d'elles-mêmes; l'habitude, la crainte, le respect humain, sont les derniers liens qui retiennent dans les croyances primitives un bon nombre d'esprits qui n'en sont d'ailleurs que plus fanatiques et plus exaltés. Quant aux relations avec l'étranger, elles sont, en principe, considérées comme une peste qu'on doit autant que possible éviter.

Abd-Er-Rahman n'avait que faire du commerce avec les chrétiens, dont il redoutait l'esprit d'envahissement; et, sur ce point, l'appât même du lucre le trouvait insensible, tant la certitude des embarras que devaient lui susciter des relations regardées comme pernicieuses pour son autorité était entrée profondément dans son esprit. Il eût fait bon marché de toutes ses villes maritimes, s'il eût été assuré que l'envahissement dût s'arrêter là. C'est ce qui explique la philosophique indifférence dont il faisait preuve en voyant sa marine réduite à néant. Il voulait rester en paix au milieu de ses femmes et de ses coffres-forts. Son plus cher désir était d'ignorer ce qui se passait sur les points de son territoire livrés à la souillure des Nazaréens, et, à plus forte raison, hors de ses États. Tanger, résidence des consuls chrétiens, lui était particulièrement odieux. Cette capitale maritime était tellement déconsidérée à ses yeux, que le nom même en est aujourd'hui prononcé avec mépris, et que ses habitants musulmans sont rangés au nombre des chiens juifs et nazaréens qui en font leur principal repaire. Abd-Er-Rahman avait choisi pour traiter avec les Européens un vizir que de fréquentes relations de commerce ont en partie initié à leurs habitudes. Cet homme vendait jadis des épices à Gibraltar et à Tanger, où il continue encore de débiter le sucre et le café, tout en faisant les affaires de son maître. Le nouveau sultan l'a maintenu dans sa dignité, et lui accorde ses faveurs. On lui donne le titre de ministre des affaires étrangères, et on l'appelle officiellement *Excellence.* Cette Excellence ne désirerait rien tant que d'échapper aux terribles obligations de son ministère. La vie privée, les joies lucratives du commerce : voilà le *rêve du vizir.* Le conflit de l'Espagne et du Maroc a sans doute été pour lui l'occasion de cruelles angoisses ; mais cette rupture violente n'a pu que modifier agréablement sa situation. Depuis son élévation, il se trouvait placé entre une douzaine de consuls généraux, tous très-âpres à la répression, et l'humeur soupçonneuse et irritable d'un maître qu'un rien suffisait à provoquer : c'était être réellement entre le marteau et l'enclume. Les instructions qu'il recevait de l'empereur étaient d'une haute simplicité, il est vrai, mais de cette simplicité féconde qui met sur les dents le diplomate le plus habile. — A toutes les réclamations des consuls, répondre par des promesses, — différer sans cesse l'accomplissement de ce qui a été promis, — gagner du temps, — susciter des entraves de toute nature aux réclamants, — faire en sorte que, de guerre lasse, ils se désistent ; — s'ils menacent, céder le moins possible ; — si le canon intervient, se jeter dans la poussière, et ne céder enfin qu'à la dernière extrémité ; — surtout que l'empereur ne sache rien, qu'il n'entende jamais parler des chrétiens! — Tel a été le programme imposé à Sidi-Mohammed-El-Khatib, le moins ambitieux des épiciers, le plus malheureux des ministres. Ces instructions, dont le sens ne sera contesté par aucun de ceux qui connaissent à fond le gouvernement de Fez, sont la véritable clef de toutes nos relations avec le Maroc depuis trente ans. Les traditions d'une semblable politique ne sauraient prévaloir, après le conflit de l'Espagne et du Maroc. L'Espagne victorieuse, la France, l'Angleterre, uniront sans doute leurs efforts pour imposer à Sidi-Mohammed des relations internationales plus conformes à la dignité de l'Europe, aux légitimes intérêts de la civilisation. Mais laissons à l'avenir ce qu'il tient en réserve, et développons la théorie du pouvoir telle que l'ont pratiquée les souverains de la dynastie des chérifs.

Le sultan possède en propre non-seulement le territoire, mais encore les biens et la personne même de ses sujets. Il s'en trouve qui se refusent à se laisser ainsi posséder : ceux-là sont les Berbères maudits, la honte de l'islamisme. Les sujets doivent s'estimer heureux quand chaque matin leur tête se retrouve sur leurs épaules ; à plus forte raison, s'ils ont encore entre les mains quelque moyen d'existence : cela résulte strictement du droit; et bien que ce droit soit appliqué à un nombre restreint d'individus, le bon plaisir de souverain en décide seul.

Chaque ville ou place du territoire est livrée aux griffes d'un kaïd, ou gouverneur, qui exerce à peu près sans contrôle sur ses administrés la même autorité que le sultan exerce sur tout son peuple. Les tribus ont aussi leurs kaïds, et les villages de tentes, ou douars, obéissent à des cheiks, sous l'autorité des kaïds. Les pachas gouvernent des provinces et ont plusieurs kaïds sous leur dépendance. Enfin, le sultan, au moyen de ses vizirs, s'est réservé la haute direction des seigneurs pachas.

Ces éléments nous étant connus, expliquons le jeu du pressoir aurifère, et dans son ensemble, et dans ses détails. Le sultan, d'une seule parole, a donné le mouvement. Il a dit à tel pacha : « Il me faut cent mille piastres, » Le pacha dit à ses kaïds : « Sidna (notre seigneur), veut de l'argent; si chacun de vous ne me donne cent mille piastres, chacun de vous pourrira en prison. » Les kaïds appellent à eux les plus riches, les notables, les négociants : « Sidna veut de l'argent; celui d'entre vous qui ne m'apportera pas mille piastres périra sous le bâton. » Si la requête s'adresse à des juifs, elle comporte de légères variantes, et pourrait se formuler à peu près en ces termes : « Si l'un de vous ne me donne mille piastres, ses biens seront confisqués, sa maison rasée; sa famille périra sous le bâton; sa tête, coupée et salée, sera pendue à la porte de la Kasba, où les corbeaux la couvriront de leurs ordures. »

Ainsi, l'ordre parti d'en haut se transmet toujours plus menaçant jusqu'aux individus taillables et corvéables à merci. Bâton, prison, violences de toute sorte venant en aide, l'or finit par jaillir au milieu d'un concert de soupirs et de gémissements; et, montant comme une séve dans le tronc du despotisme souverain, lui communique chaque jour une nouvelle vigueur. N'oublions pas de rappeler que si l'empereur demande mille piastres, le pacha demande autant de fois mille piastres qu'il a de kaïds sous sa dépendance; les kaïds, autant de fois cette même somme qu'ils ont d'administrés présumés assez riches pour la donner, d'où il résulte que, pour chacun de ces fonctionnaires, l'ordre impérial n'est qu'un prétexte aux exactions particulières. Le sultan sait d'ailleurs que penser là-dessus. Il n'a garde de rien réformer : il trouve plus avantageux de pratiquer la pression à la deuxième puissance ; et cette fois, c'est aux kaïds et aux pachas de dégorger les trésors qu'ils ont englouti pour leur propre compte.

L'empereur juge-t-il qu'un de ses pachas ou kaïds s'est approprié, à la faveur des coupes réglées qu'il a effectuées au nom du maître dans les biens de ses sujets, une quantité notable de piastres et de douros : il donne des ordres pour qu'on l'amène à la cour. Un beau matin, le pacha ou kaïd se voit tout à coup saisi par un détachement de la garde noire, qui l'enlève sans mot dire, le jette en travers d'une mule, le sangle ni plus ni moins qu'une botte de fourrage et lui fait traverser ainsi les plaines qui le séparent de Maroc ou de Fez. J'ai vu plusieurs de ces malheureux, à barbe blanche, vêtus avec distinction, chevaucher de la sorte sous un soleil dévorant, les reins à demi brisés, les membres inertes sous un réseau de liens tranchants, la tête pendante, la face tournée à la lumière, les yeux injectés de sang. Les brutes à face noire qui les conduisaient n'avaient pour eux que violences et malédictions. Arrivée au terme de son voyage, la victime est jeté dans un cachot, d'où on la tire chaque jour pour la soumettre à la bastonnade, seul moyen d'amener la révélation du lieu où sont cachés les trésors convoités. Mais l'avarice rend de bronze la chair des victimes, et j'ai dû reconnaître avec stupeur qu'au Maroc, la réalité dépasse tout ce que les fictions poétiques nous ont dit de l'avare et de son tenace amour de l'or. Il y a quatre ans, le kaïd de Dar-El-Béida supporta pendant plus d'un mois une torture qui consistait à l'élever entre deux poteaux, puis à le laisser retomber, tout embarrassé de liens, sur un amas de figuiers de Barbarie hérissés de leurs longues épines, meurtrières comme des poignards. On voulait avoir de lui deux ou trois millions. Après chaque torture, il révélait le lieu où il avait caché quelques milliers de piastres; le plus souvent, il donnait de fausses indications, et la torture redoublait de rigueur. Au bout d'un mois il expirait, mais la terre gardait son trésor : il n'avait pas eu la douleur de voir s'éparpiller entre les mains de soldats goguenards les beaux écus qu'avec tant de soin il avait amassés et enfouis.

Les moyens de violence prolongés ne sont pas toujours du goût du sultan. Il est rare qu'à la suite de ces sortes d'exécutions extrajudiciaires, réservées aux exacteurs, quelqu'un d'entre eux ne passe de vie à trépas. Quand le bâton a fait sortir de leur coffre une somme assez ronde, ils sont renvoyés avec honneur, pour l'ordinaire, et réintégrés dans leurs dignités et leurs prérogatives, qu'ils exercent avec la résolution de plus en plus ardente de se créer des ressources pour l'avenir. Les uns s'efforcent de reculer, en offrant au sultan de riches présents, le temps de nouvelles épreuves ; les autres attendent et laissent arriver ces temps de rigueurs, sans s'occuper des moyens d'y échapper. Si, pour des motifs rarement divulgués, le sultan a résolu de se débarrasser d'un de ses dignitaires, il l'appelle auprès de lui, l'accueille avec une faveur exceptionnelle et lui fait présenter une tasse de café. Quelques heures après l'audience, le trop honoré sujet meurt dans les convulsions d'une soudaine agonie : *C'était écrit !* disent ceux qui l'entourent, — et la fatalité aux coups inévitables sert de masque aux caprices du maître.

Tels sont les procédés employés par le sultan pour prélever son budget exceptionnel. Quant aux impôts réguliers, si je ne les ai pas mentionnés en premier lieu, c'est que cette ressource normale du trésor est, dans son mode de perception, commune à tous les États musulmans. Ces impôts sont payés par les tribus avec une fidélité qui se mesure exactement sur le degré de terreur qu'inspire à chacune d'elles la force armée dont le sultan dispose. Celles que leur position inexpugnable dans les montagnes a accoutumées à une farouche indépendance ne payent qu'après avoir épuisé tous les moyens de résistance. Le soin de lever l'impôt dans ces tribus est confié à de véritables armées, et souvent, après de sanglantes défaites, ces armées viennent venger sur les inoffensifs habitants des plaines l'atteinte portée au droit souverain, qu'elles n'ont pu faire prévaloir.

Le sultan Abd-Er-Rhaman, avons-nous dit, voulait ignorer les progrès de l'invasion chrétienne dans ses États. La présence des troupes françaises sur sa frontière était le souci de toute sa vie. A la moindre difficulté qui s'élevait, le sort du dey d'Alger lui apparaissait menaçant, et ce souvenir a tué en lui tout esprit de lutte et de résistance. Comment, dans ces dispositions de son esprit, s'est-il attiré la leçon d'Isly, de Mogador, de Tanger ? C'est qu'il a été emporté par un mouvement qu'il n'a pu contenir : les tribus belliqueuses de son empire l'ont forcé à proclamer la guerre sainte contre les chrétiens. En envoyant son fils à Isly, il a voulu ôter aux partisans qu'Abd-El-Kader s'était faits jusque dans Fez et Maroc le prétexte d'une révolte dont l'émir eût profité pour le détrôner. Quelle que dût être l'issue de cette tentative, Abd-Er-Rhaman n'y trouvait que dangers pour l'avenir. Vainqueur, il voyait les chrétiens refoulés, mais il restait aux prises avec un rival ambitieux, devenu tout-puissant. Vaincu, il était à jamais sous la menace de l'invasion chrétienne, et devait apprendre à se plier sans cesse aux exigences de notre politique. Peut-être, dans le secret de son cœur, a-t-il appelé dès lors le triomphe d'un ennemi auquel il espérait disputer par la ruse les avantages conquis par la force des armes; et, en effet, la déroute de l'armée marocaine, en le délivrant d'un ennemi capable de tout oser contre lui et en frappant de terreur les partisans de l'émir dans ses États, est devenue pour lui le gage d'une sécurité, incomplète, il est vrai, mais préférable à une chute que le succès d'Abd-El-Kader eût rendue imminente.

C'est donc contre son gré qu'Abd-Er-Rahman a lancé contre nous ses tribus soulevées par un élan qu'il lui fallait dominer pour n'en être pas la victime. Il a fait alors comme l'habile cavalier que son cheval furieux emporte à travers la plaine et qui, pour s'en rendre maître, excite, de l'éperon et de la voix, une ardeur qu'il ne peut plus modérer : le cheval épuisé s'arrête enfin; il redevient docile au frein et aux caresses.

J'ai pu recueillir des confidences sur la journée

d'Isly. Le kaïd de la place forte d'Ouchda[1], le brave sid Guennaoui, qui commandait une troupe considérable, s'est exprimé en ces termes sur le compte de Sidi Mohammed, qui commandait en chef à Isly. « Sidi Mohammed s'est couvert de honte et nous a déshonorés. Il n'a pas même engagé le combat : il a pris la fuite au seul aspect de vos soldats, et il a entraîné la déroute générale de son armée. Il ne régnera jamais sur nous ; il est fils d'une négresse, et il n'a pas menti au sang de sa mère. » — L'événement n'a pas justifié la prédiction de sid Guennaoui, mais je rapporte ici ses paroles, parce qu'elles expriment les secrètes dispositions d'un grand nombre des sujets du nouveau sultan.

Voici, suivant les aveux que j'ai recueillis, comment les choses se passèrent : Sidi Mohammed avait établi son camp sur une éminence qui domine la plaine où coule l'Oued-Isly ; sa tente en occupait le point le plus élevé. Il avait amené ses femmes, ses levriers de chasse, une troupe de musiciens et de sorciers ; il allait là comme à un triomphe. Il reposait dans sa tente, quand on vint

[1] Ouchda, ville marocaine sur la frontière de notre province d'Oran, était le point de départ de tous les contingents de l'empire accourus à la guerre sainte.

lui annoncer l'approche des chrétiens. Curieux de voir le troupeau de *chiens galeux* qu'il allait exterminer, il sort; il aperçoit bien loin, au bout de la plaine, une poignée de petits hommes noirs qui lui paraissent autant de fourmis : nous comptions huit mille hommes; il commandait à plus de soixante mille. Il sourit de pitié et rentre sous sa tente. — « Quoi! c'est là l'armée française? laissez-les s'approcher : quand ils monteront vers nous, il sera temps de les regarder. » — Une heure après, on lui dit que les chrétiens ont franchi la plaine, qu'ils se disposent à attaquer. Il sort de nouveau et regarde. Nos soldats mettaient bas les sacs et se formaient en carrés. — « Qu'on m'apporte la lunette, dit le prince. » — On tire de ses coffres une longue-vue qui figurait parmi ses trésors; il la prend, l'appuie sur l'épaule d'un chef, et applique son œil au petit bout. Nos soldats gravissaient la pente au pas de course. Le silence se fait, on regarde, on attend. Tout à coup, le prince recule tremblant, les yeux hagards, pleins d'horreur. — « Mon cheval! amenez mon cheval! » — On se presse, on questionne. — « Vite! mon cheval! laissez-moi fuir! » — Les chefs le supplient de rester, de combattre, d'ordonner au moins l'attaque. — « Non! ce ne sont pas des hommes, ce sont des démons!

ils ne me connaissent pas, et cependant tous me regardent avec des yeux ardents. Ils ne regardent que moi; c'est moi seul qu'ils cherchent! c'est à moi seul qu'ils en veulent! » — Il saisit la bride aux mains d'un saïs, saute en selle et s'enfuit éperdu. Épouvantés de ce qu'ils ont entendu, les Arabes n'osent attendre le choc d'une légion de *djenoun* (diables); ils se précipitent pêle-mêle à la suite du fuyard. La garde noire et quelques cavaliers tentent seuls de résister : ils se jettent avec des cris horribles au-devant de nos soldats qui débouchaient sur le plateau; mais ils se brisent sur nos baïonnettes, et jonchent la terre de leurs morts. Le canon achève la déroute. Sidi Mohammed avait laissé ses femmes, ses levriers, ses musiciens, son couscoussou, sa théière, qui murmurait sur les charbons un refrain de bienvenue à nos soldats.

La déroute d'Isly est peut-être l'exemple le plus étonnant de cette sorte de terreur qu'on appelle panique. Il y eut des hommes qui coururent sans s'arrêter jusqu'à tomber morts sur le terrain. Beaucoup furent frappés de folie, et aujourd'hui encore, il s'en trouve qui sont restés atteints d'une incurable manie : on les voit marcher haletants, tourner la tête avec des yeux égarés comme pour regarder d'invisibles spectres qui s'acharnent à les poursuivre. « *Nessâra! Nessâra!* Les chrétiens! les chrétiens! » Tel est le seul cri qui s'échappe de leur poitrine au milieu de claquements de dents et de frissons convulsifs.

La bataille d'Isly et la chute de l'émir Abd-El-Kader ont porté le premier coup aux vieilles traditions du fanatisme marocain, qui, jusque-là, n'avaient reçu aucune atteinte sérieuse. Dès que la terreur du nom français s'est imposée aux indigènes, tout a été ébranlé. L'action de nos représentants a pu s'étendre là où elle n'avait jamais rencontré que des obstacles. Le sultan s'est renfermé, il est vrai, dans le système développé par les instructions qu'il donnait à son vizir El-Khatib; mais les habitants de ses villes maritimes sont entrés d'eux-mêmes dans la voie imposée à leurs coreligionnaires de l'Algérie. Déjà le chemin parcouru est immense, et il est facile de prévoir que dans peu d'années tout aura changé dans ce pays, où tout semblait jadis frappé d'immobilité. Je n'entends ici parler que des points principaux du littoral. L'intérieur subira plus lentement l'action des idées importées par les trafiquants d'Europe. Toutefois, la contagion a gagné jusqu'au cœur de l'empire, en ce sens que les tribus se sont accoutumées à prononcer notre nom sans rêver sang et massacres. Beaucoup d'entre elles ont appelé de leurs vœux la domination française, qui les délivrerait des excès tyranniques auxquels elles sont en butte. Les Marocains entendent chaque jour des Algériens se féliciter de l'état de prospérité où sont leurs affaires : ils comparent l'état florissant de leurs voisins à la misère où les retient l'avidité insatiable d'un gouvernement spoliateur. Tôt ou tard, cette comparaison portera ses fruits. L'explosion du fanatisme populaire contre les Espagnols n'infirme pas cette assertion. On peut, au contraire, raisonnablement prévoir qu'après des revers qui sont inévitables, Sidi Mohammed lui-même sera entraîné dans une voie qui d'ailleurs peut seule assurer sa puissance : celle que lui indiqueront les conseils bienveillants de l'Europe.

CHAPITRE XIII

LA GARDE NOIRE. — UNE AUDIENCE.

J'ai nommé la *garde noire* : il n'est pas sans intérêt de faire connaître le rôle que ce corps privilégié a rempli dans l'empire du Maroc. Sa puissance a été comparable à celle des janissaires en Orient ou des mamelouks en Égypte. Elle a survécu aux exécutions les plus sanglantes ; et ce qui en reste aujourd'hui est encore le principal instrument de domination du sultan Sidi-Mohammed.

Moulaï-Ismaïl, quatrième prince de la dynastie des chérifs du Tafilelt, actuellement régnante, n'avait établi son autorité qu'au prix des luttes les plus orageuses. Menacé de tout côté par l'humeur remuante et belliqueuse de sa famille et de ses sujets, il avait conquis péniblement les loisirs d'une paix dont la durée n'était garantie que par l'impuissance des rebelles à se mettre en pleine révolte. Il en profitait pour faire construire des palais et pour donner cours à des caprices éminemment barbaresques. Cet homme avait été très-frappé de l'esprit mobile de ses peuples ; aussi se donnait-il une peine incroyable pour les tenir en haleine, faisant démolir aujourd'hui ce qu'il avait édifié la veille à grands frais, ne laissant pas un instant de repos à son entourage pour l'empêcher de conspirer, et, à travers tout cela, ne perdant jamais de vue la partie divertissante de ces occupations. Ainsi, il aimait à faire combattre ses sujets contre les lions en champ clos; il faisait casser sur la tête des esclaves chrétiens les briques que ces malheureux cuisaient trop ou trop peu, suivant son caprice; il présidait au supplice d'un de ses fils, tuait de sa main celui qu'il avait contraint de faire l'office de bourreau et élevait à la victime un superbe mausolée. « Si j'avais une troupe de rats dans un panier, disait ce monarque avisé, et que je ne remuasse pas sans cesse ce panier, n'est-il pas évident qu'ils perceraient le panier et s'en iraient? »

Moulaï-Ismaïl, cependant, avait le cœur tendre et inflammable. On lui dépeint les grâces de mademoiselle de Blois, et il y pense, suivant l'expression de Ben-Aïssa, son ambassadeur auprès de Louis XIV, *avec soin et inquiétude.* « Il faut, avait-il dit à Ben-Aïssa, que tu écrives au vizir Pontchartrain, ton ami, afin qu'il demande pour moi en mariage, au roi son maître, la princesse sa fille... Je la prendrai pour femme suivant la loi de

Dieu et de son prophète Mohammed... elle restera dans sa religion et dans sa manière de vivre ordinaire... elle trouvera en cette cour tout ce qui pourra lui faire plaisir, s'il plaît à Dieu ! »

Ismaïl rêvait la création d'un corps privilégié, dans des conditions telles que ce corps, garde personnelle du sultan, instrument aveugle et direct de ses volontés, trouvât dans son dévouement absolu à la personne du maître le plus sûr moyen de conserver et d'augmenter sa propre puissance. Il pensait avec raison que des soldats qui n'appartiendraient pas aux races indigènes, et seraient voués par conséquent à leur antipathie, ne pourraient jamais tenter avec succès d'acquérir dans l'empire d'autre influence que celle qui résultait de leur complet asservissement aux chérifs régnants. Il fit donc venir du Soudan et de divers points de l'intérieur un grand nombre de nègres jeunes et vigoureux, les soumit à la loi de l'Islam, les maria à des esclaves de leur couleur, leur assigna des terres et les combla de faveurs. Leurs enfants recevaient, dès le berceau, la rude éducation qui convient à une caste de guerriers, et s'accoutumaient de bonne heure à ne connaître que la volonté du sultan. Soldats infatigables, les nouveaux favoris trouvaient dans leur aveugle obéissance aux ordres du souverain le plus sûr moyen de se venger des indigènes, qui n'avaient pour eux que haine et mépris. Leurs escadrons traversaient l'empire en tout sens, ravageant et pillant les tribus que le maître avait désignées à leur zèle sanguinaire, d'autant plus implacable que l'aversion qu'ils inspiraient était fondée sur la différence de couleur et de race. Moulaï-Ismaïl n'avait garde d'éteindre cet esprit de haine entre ses sujets, et c'est dans ces sentiments d'animosité féroce que la garde noire puisa l'énergie et la vigueur nécessaires pour contenir ou soumettre, pendant un long règne, les provinces d'un empire sans cesse en révolte.

A l'exemple du sultan des Turcs, fondateur des janissaires, Ismaïl voulut donner un patron religieux à sa nouvelle garde. Il choisit un des commentateurs les plus célèbres du Koran, Sidi Bou-Khari, et chacun des gardes noirs dut jurer fidélité à son maître sur le livre vénéré de ce saint. Ce livre a été conservé avec un respect superstitieux : il accompagne le kaïd des noirs dans tous les combats; et les *Abid Bou-Khari* (esclaves de Bou-Khari), ainsi appelés désormais du nom de leur patron, n'ont jamais manqué de lui attribuer le succès de leurs armes. Dès les premières années de leur institution, les Bou-Khari deviennent la première puissance de l'empire. On voit leur kaïd, ou commandant en chef, prendre sur les affaires publiques une influence que rien ne peut balancer, et faire prévaloir ses conseils sur ceux des chérifs les plus vénérés. Les chefs subalternes acquièrent aussi une part d'autorité et d'ascendant. Les soldats eux-mêmes profitent avec tant d'à-propos des priviléges et de la considération dont jouit tout le corps, que le dernier d'entre eux paraît avec un éclat égal à celui dont s'entourent les officiers publics les plus respectés. Ils remplissent le même rôle que la garde prétorienne des Césars : leur chef est un véritable préfet du prétoire. Un certain nombre d'Arabes admis, comme par faveur, à entrer dans la nouvelle milice, deviennent ainsi, eux et leur descendance, propriété inviolable du souverain. Moulaï-Ismaïl, en se donnant de tels esclaves, a préparé des maîtres à ses successeurs.

On voit en effet, à la mort de ce despote, les chefs de la milice noire violer les coutumes de l'empire en élevant au trône un des plus jeunes fils de leur maître au préjudice de ses aînés ; le soutenir avec des efforts acharnés contre les populations en révolte ; puis, par une nouvelle violation du droit d'hérédité, renverser ce qu'ils ont édifié de leurs mains et placer le pouvoir entre celles d'un oncle usurpateur. On voit cette milice cupide déposer six fois, et six fois replacer sur le trône ce nouvel élu dont elle se fait un jouet; épuiser le trésor par ses exigences insatiables; déchaîner à son gré tous les maux de la guerre, et ne laisser enfin au sultan d'autre ressource que de l'affaiblir en la livrant par trahison au feu meurtier des Berbères et des Arabes, qui ont reçu des ordres secrets pour la détruire. On voit ces étrangers, sous le règne de Sidi Mohammed, s'emparer de la ville de Fez et offrir le trône successivement aux deux fils de leur maître, qui peut à peine comprimer la sédition. Sidi Mohammed ne règne en sécurité que lorsqu'il a porté un coup mortel à cette multitude insolente en la dispersant par ruse dans les provinces éloignées de son empire, où elle se trouve cantonnée et désarmée : les Bou-Khari, de cent mille hommes qu'ils étaient, sont réduits et maintenus au nombre de quinze mille.

Rappelés en grand nombre par Moulaï-Yezid, successeur de Sidi Mohammed, les noirs deviennent les ministres de ses cruautés. Dans un exil rigoureux, leur antique esprit de dévouement fanatique au chef de l'empire s'est retrempé : leur influence renaît. Comme au temps de Moulaï-Ismaïl, les tribus se trouvent livrées à des bandes de bourreaux, de pillards et d'assassins, Yezid, le Néron marocain, ne pouvait trouver de satellites plus zélés que ceux dont ce prince avait si bien employé le dévouement. Sous Moulaï-Sliman, la milice noire, renfermée dans Meknès, soutient longtemps, avec le courage du désespoir, les efforts d'une armée de Berbères qui lui livrent des combats sanglants, et massacrent le kaïd Elaï, favori de l'empereur, homme d'une supériorité de vues surprenante, doué des qualités les plus rares et d'une grandeur d'âme héroïque. Tant de luttes ont enfin éclairci les rangs des Bou-Khari. Moulaï-Sliman, dont la puissance était presque illusoire, n'a pas su préserver ce corps d'un affaiblissement qui l'amène à une dissolution plus sensible chaque jour. Le sultan Abd-er-Rahman en a conservé les débris, trop faibles pour donner ombrage au pouvoir le plus soupçonneux. La milice des Oudaïas [1] lui inspirait plus de défiance. En effet, elle se révolta, et ne put être réduite qu'après un siége de six mois qu'elle soutint dans Fez, en 1830 et 1831. Abd-Er-Rahman n'a pas exterminé ces autres janissaires; il s'est contenté d'en licencier le plus grand nom-

[1] La tribu des Oudaïas est une de celles qui sont vouées à la carrière des armes : il y a au Maroc un certain nombre de ces tribus. On les appelle tribus Maghzen.

bre, et de parquer le reste dans la citadelle de Rabatt. Aujourd'hui, trois ou quatre cents Bou-Khari sont attachés à la personne de l'empereur; le reste est disséminé dans les villes et les places fortes, dans le voisinage des tribus les plus hostiles, et forme à peine un noyau de trois mille hommes de troupes réglées[1]. Oudaïas et Bou-Khari sont entrés dans ce courant de décadence où disparaît tout l'édifice des Eddrissites et des Almoades. La nuit qui couvre chaque soir de son voile les rivages du Maroc n'est qu'une faible image de cette nuit profonde où le temps précipite les nations dont le rôle en ce monde est fini.

Disons toutefois qu'au milieu du pêle-mêle barbare des contingents armés fournis par les tribus, la garde noire offre seule encore le spectacle d'une discipline régulière et soutenue. C'est le bataillon sacré de l'empire; et si, à la journée de l'Isly, ce bataillon a subi le sort des autres combattants, ce n'est qu'après une résistance aussi opiniâtre et aussi prolongée que le permettait la science militaire des Bou-Khari et de leur kaïd, Faradji, mise en présence d'une science et d'une tactique dont ils ne soupçonnaient même pas la supériorité. Tout im-

[1] Des évaluations exagérées portent ce nombre à 15,000. Ce chiffre ne saurait être exact.

puissante qu'elle s'est trouvée en présence de nos troupes, la milice noire n'a rien perdu de son prestige aux yeux des Marocains. Les Bou-Khari conservent une terreur superstitieuse des soldats français : mais leur amour-propre n'en souffre pas ; ils sont dans la conviction qu'ils ont eu à lutter, non avec des hommes, mais avec une légion de djenoûn déchaînés par les sortiléges nazaréens. L'orgueil musulman a partout accrédité cette opinion. Sidi Mohammed, ce fils du sultan dont le parasol a eu les honneurs du jardin des Tuileries, a juré de tirer une vengeance éclatante des chrétiens pour le mauvais tour qu'ils ont osé lui jouer en le mettant aux prises avec des démons : il a fait serment de ne pas couper jusque-là un seul poil de sa barbe. La guerre que ce prince, aujourd'hui sultan, soutient contre l'Espagne, le déliera de ce vœu, quel que soit d'ailleurs le sort de ses armes.

Il est difficile d'imaginer l'aspect bizarre que présente une assemblée de Bou-Khari en costume de cérémonie. Une seule fois j'ai joui de ce spectacle, et il m'a laissé une impression que le temps n'a pas affaiblie. Ce souvenir se rattache à une scène tout orientale. J'étais à Rabatt, ville chérie d'Al-Mansour, quand arriva dans ses murs un fils du sultan qui se rendait à Meknès pour le mariage d'une de ses sœurs. El-Souessi, kaïd de la ville, m'offrit de me présenter à l'illustre voyageur. J'acceptai avec empressement cette occasion d'observer le degré d'éclat dont les usages de la cour marocaine entourent aujourd'hui les princes de la maison impériale. Sid Moulaï-Abbès[1], ainsi se nommait le chérif, nous reçut dans une cour intérieure ornée d'arcades mauresques, autour de laquelle se tenaient debout une centaine d'officiers et de soldats de la garde noire parés de leurs habits les plus somptueux. Je fus d'abord frappé du silence et de l'immobilité qui régnaient dans la vaste enceinte. Cette assemblée d'hommes noirs, bariolés d'étoffes brillantes, de drap d'or, de ceintures écarlates, m'apparut comme une foule de momies serrées en rangs pressés dans une crypte funéraire. Les yeux seuls se mouvaient et lançaient des éclairs; les regards respiraient la curiosité et la vie. Je remarquai surtout un nègre géant, dont le visage, entouré d'une mousseline blanche à raies de couleur pourpre, offrait l'aspect fantastique des sphinx de la vieille Égypte. L'entourage particulier du prince se composait de chérifs, de savants,

[1] Sid Moulaï-Abbès, frère de l'empereur actuel, commande aujourd'hui les forces marocaines concentrées dans la province de Tetouan pour résister aux forces espagnoles.

de docteurs à barbe vénérable. Leur teint clair, leurs haïks blancs et parfumés, contrastaient avec les costumes éclatants des noirs. Drapés avec grâce et noblesse, ils allaient et venaient comme les fantômes de ces sages qui peuplaient les ombrages élyséens; ils se prosternaient tour à tour devant le prince, graves comme les sénateurs de l'ancienne Rome. Moulaï-Abbès était assis sous la galerie, sur une simple natte de jonc recouverte d'un petit tapis de laine. Toute cette partie de l'enceinte était remplie de la seule majesté du chérif; le respect tenant à distance ceux mêmes qui paraissaient les plus avancés dans sa faveur, il trônait isolé, comme une idole de pagode, et roulait entre ses doigts les grains d'un long chapelet. Impassible, il semblait à peine voir les magnifiques présents que des juifs déposaient devant lui en frappant de leur front le pavé de la cour. Le vieux kaïd Souessi, pareil aux hérauts antiques, allait avec solennité rapporter ce qu'on lui confiait à voix basse de part et d'autre. Il abordait le chérif avec les marques d'un profond respect, se prosternant à portée de son visage, et baisant humblement le pan de son burnous. Le visage du chérif, d'une expression noble et douce, respirait un très-haut sentiment de dignité. Moulaï-Abbès est entouré d'un grande vénération par tout le peuple. On l'a surnommé le *Fky :* le savant, le docteur ; et l'opinion qu'on a de sa sainteté fait que dans sa famille même, aussi nombreuse et plus turbulente que celle du roi Priam, tout se règle par ses avis et ses inspirations.

Il y avait dans toute cette scène un certain caractère de grandeur. Ce respect profond et réel d'une autorité dont la plupart avaient dû éprouver les rigueurs arbitraires me touchait en faveur d'une race que nous croyons de tout point avilie. Le vieux Souessi m'attendrissait entre tous : il avait été récemment dépouillé de la plus grande partie de ses biens par le sultan, et il était sorti presque aveugle d'un cachot où le jour ne pénétrait jamais. Redevenu kaïd après deux années d'une cruelle captivité, il donnait au fils de son bourreau les marques d'une vénération sincère et religieuse. Il est vrai que, de son côté, le digne homme avait fait subir à une foule de ses administrés les mêmes traitements qu'il avait endurés : mais il n'est pas moins vrai que ses victimes le respectaient après comme avant, et n'attribuaient qu'au destin les misères qui avaient été leur partage. La résignation des musulmans ne procède pas d'une terreur hypocrite : quelque porté qu'on soit à l'expliquer ainsi, il faut bien se rendre à l'évidence ; et, quand on connaît mieux les mœurs et l'esprit de la race, il faut reconnaître que, chez eux, le respect de l'autorité, survivant à tous les excès de la tyrannie, a sa racine dans les croyances religieuses.

Seul debout devant le chérif, à qui le kaïd répétait tous mes compliments, j'admirais combien plus la majesté du prince réside dans le respect qui l'entoure que dans l'appareil des richesses extérieures, quand une vive pression étreignit tout à coup mon bras droit. Je tournai la tête pour voir qui se permettait cette familiarité, et mes yeux rencontrèrent ceux du nègre géant dont l'aspect m'avait d'abord frappé. La face du colosse était empreinte d'une placidité sérieuse ; il continuait, de l'air le plus tranquille, à pétrir mon bras endolori ; enfin, il me poussa l'épaule, de façon à provoquer un mouvement de pirouette, et me fit signe de me retirer. L'audience était finie ; je sortis de l'enceinte, très-préoccupé du manége bizarre dont ma personne avait été l'objet.

J'appris plus tard que c'était là un reste de l'étiquette observée autrefois aux audiences du sultan et des princes de sa famille. Toute personne admise à ces audiences recevait, en manière de congé, une gourmade qui la forçait à courber les épaules. La partialité intelligente du maître des cérémonies lui inspirait des nuances bien tranchées. S'agissait-il d'un haut personnage, la pression était légère, révérencieuse ; elle devenait plus sensible à mesure que le rang ou l'importance des visiteurs allait en décroissant. Les juifs et les nazaréens occupaient le degré extrême de cette hiérarchie. Pour eux, pas de ménagement : ils tombaient assommés, et se relevaient à la grâce de Dieu. Or, il advint qu'un consul admis à l'audience du sultan Abd-Er-Rhaman, et peu instruit des usages de sa cour, reçut du maître des cérémonies la gourmade traditionnelle. Irascible par tempérament, le chrétien se retourne furieux, et étourdit d'un coup de poing en pleine face le malencontreux fonctionnaire, qui s'en va rouler, en poussant de grands cris, aux pieds du sultan. Celui-ci, ému d'abord d'un spectacle si nouveau, finit par en rire. On s'expliqua, bien qu'avec peine, et, depuis cette scène, on évite de mettre la main sur la tête des Nazaréens ; on se contente de leur pincer le bras.

CHAPITRE XIV

LES RIFFAINS. — LES PRÉSIDES. — LA GUERRE ACTUELLE.

J'ai dit que les Riffains appartiennent à la race berbère. Ces montagnards, grâce à leurs habitudes de piraterie, et au dernier conflit qu'ils ont suscité entre l'Espagne et le Maroc, occupent en ce moment l'attention de l'Europe, et méritent une mention spéciale. La lutte qui vient de s'engager motive, au sujet du Riff et de la province voisine, le Gharb, certains développements qui, d'ailleurs, peuvent aider à l'appréciation des faits actuels. Les relations entre l'Espagne et le Maroc sont, depuis longtemps, assez obscures, la situation des *presidios* n'a donné lieu, depuis Philippe V, à aucun événement d'une certaine importance. Quelques éclaircissements sur ces divers points trouvent naturellement ici leur place.

Les indigènes désignent sous le nom de Riff toute cette partie de la côte d'Afrique qui s'étend entre notre frontière algérienne au nord et la ville de Tétuan. C'est une succession non interrompue de montagnes, formant des chaînes presque parallèles à la côte, et se reliant à la chaîne de l'Atlas. La zone riffaine comprend environ cent lieues de côtes, sur une profondeur variant entre quarante et soixante lieues. Cette contrée montagneuse se rattache à la zone comprise entre Cherchell et Tenez, que les indigènes désignent aussi sous le nom de Riff, bien que les Algériens la nomment Sahel. Ces deux désignations seraient d'ailleurs synonymes, si l'on admet l'étymologie latine, *ripa*, du mot berbère, *Riff.* — La province de Gharb s'étend depuis Tétuan, sur la Méditerranée, jusqu'à Mamôra, sur l'Océan. C'est une zone de plaines qui nous est bien connue. Ses principales villes sont Tétuan, Tanger, Alkassar-El-Kebir, El-Araïch. Sa population est presque toute arabe.

Melîlla, Peñon de Velez, Peñon de Alhucemas, appartenant à l'Espagne, sont situés sur la côte du Riff. Ceuta, autre presidio, est sur la côte orientale du Gharb, entre Tétuan et Tanger. Melîlla, la plus importante des places espagnoles dans le Riff, paraît avoir été un établissement carthaginois. Elle appartint successivement aux Goths, puis aux Arabes, qui la perdirent au quinzième siècle, lors de l'invasion espagnole. Les deux Peñon sont des citadelles bâties sur des rochers élevés. Peñon de

Velez domine l'emplacement d'une ancienne ville, connue dans l'antiquité sous le nom de Bedis, et qui aurait été fondée aussi par les Carthaginois. Les Arabes l'appelaient Ouélis, d'où, probablement, le nom de Velez. — Si l'on excepte ces trois points, la côte du Riff est absolument inabordable. Ce ne sont que récifs et petites criques rocheuses, bonnes à recéler des barques de pirates. Avant que les Espagnols ne se rendissent maîtres des deux Peñon, les forbans tiraient grand parti de ces places, environnées de montagnes boisées, et très-propres à la construction des petits navires.

Ceuta est bâtie sur une presqu'île; sa fondation remonte probablement, comme celle des autres *presidios*, au temps de la puissance carthaginoise. Elle fut longtemps, sous les Romains, la métropole de la Mauritanie Tingitane. Sa situation maritime n'est guère moins médiocre que celle de Melilla et des Peñon. L'*Itinéraire* d'Antonin la désigne sous le nom de *Septa*, probablement en raison des montagnes voisines, que les Romains appelaient *Septem Fratres*. Tour à tour romaine, vandale, gothe, arabe, génoise, elle fut enlevée, en 1415, par les Portugais, qui la gardèrent pendant deux siècles et demi. Le Portugal considérait Ceuta comme une excellente école de guerre, où la jeune noblesse allait, aux dépens des infidèles, apprendre le métier des armes. Camoëns, soldat et poëte, y perdit un œil dans une escarmouche contre les Maures. Un article du traité de Lisbonne, en 1668, donna Ceuta à l'Espagne.

Depuis vingt-cinq ans, les Espagnols possédaient paisiblement Ceuta, lorsque le sultan Moulaï-Ismaïl, quatrième prince de la dynastie des chérifs, actuellement régnante, vint mettre le siége devant cette forteresse. Moulaï-Ismaïl était ambitieux, inquiet, énergique. Il cherchait, par tous les moyens, à frapper de terreur sa famille et ses sujets, toujours prêts à se révolter contre son autorité. La guerre sainte, la guerre contre les chrétiens, lui paraissait devoir établir son prestige, et l'abandon de Tanger par les Anglais, en 1684, qu'il n'eut pas de peine à présenter comme un indice de l'affaiblissement des chrétiens, servit à souhait ses desseins. Il avait pris aux Espagnols, en 1681, la citadelle de Mamôra, défendue par une trop faible garnison : il s'empara d'El-Araïch en 1689, se rendit maître de Tanger, abandonnée par les Anglais, et investit Ceuta, en 1694, avec plus de quarante mille hommes. Mais Ceuta était bien gardée. Et d'ailleurs, ses abords, du côté de la mer, restaient libres. Moulaï-Ismaïl n'avait pas de flotte ; les navires espagnols pouvaient, sans rencontrer d'obstacles, ravitailler la place et y jeter des renforts. Il comprit que tous ses efforts seraient vains. Il se borna à maintenir un étroit blocus du côté de terre. Encore dut-il ramener bientôt ses troupes, que décimaient les bombes et les grenades. Tout se réduisit enfin à un camp d'observation. Ismaïl se retira, laissant le pacha de Gharb à la tête des forces réunies sous Ceuta. Pendant vingt-six ans, les Maures firent de vaines attaques, les Espagnols des sorties peu meurtrières. Ismaïl, irrité, prescrivit de nouveau des tentatives énergiques. Malheureusement pour ses projets, Philippe V, alors roi d'Espagne, fatigué des vaines obsessions d'Ismaïl, prenait, de son côté, des mesures pour chasser les Maures de Ceuta. Résolu de conserver une place aussi importante et d'en éloigner pour longtemps l'ennemi, en le frappant de terreur, il fit de tels préparatifs qu'il alarma toutes les puissances de l'Europe. On lui adressa, de toutes parts, des représentations. Il n'en pressa qu'avec plus d'activité ses armements; puis, lorsque tout fut prêt, il fit cesser les alarmes en déclarant que le seul but de son expédition était de venger l'honneur de l'Espagne, compromis en Afrique. Vers la fin de 1720, le marquis de Lède fit voile de Cadix avec seize mille hommes, débarqua devant Ceuta, marcha contre le camp retranché des Maures, culbuta l'ennemi, le dispersa, repoussa deux attaques désespérées, et se porta rapidement sur Tétuan. Fidèle aux assurances qu'il avait données à l'Europe, Philippe V résista aux vues de son lieutenant, qui voulait conquérir toute la côte africaine jusqu'à Tunis. Le marquis de Lède dut se borner à réparer les fortifications de Ceuta, et revint en Espagne, après avoir laissé dans la place, qu'il avait glorieusement dégagée, une forte garnison. Bientôt, le camp d'observation des Maures se reforma. Depuis cette époque, ce camp et la ville de Ceuta sont dans un état permanent d'hostilité, bien qu'aucune action de guerre éclatante ne se soit produite. Certains écrivains ont, il est vrai, mentionné deux attaques dirigées contre Ceuta par le fameux duc de Riperdá, ministre disgracié du roi catholique, et devenu pacha marocain. Ces attaques auraient eu lieu en 1732, pendant l'expédition dirigée par Philippe V contre Oran. Mais Chénier affirme [1], sur la foi d'indigènes respectables, qui ont parfaitement connu Riperdá, que tout ce qu'on a dit à ce sujet ne mérite aucune créance, « qu'il n'est pas vrai que

[1] Chénier, *Recherches historiques sur les Maures*, t. III, p. 455.

le duc de Riperdá se soit fait mahométan, ni qu'il ait jamais commandé les armées du Maroc. »

Le sultan Sidi-Mohammed fit la paix avec l'Espagne en 1767. Ses flatteuses avances et les préférences qu'il affectait de témoigner au gouvernement espagnol poussèrent Charles III à donner au prince maure des marques d'une générosité chevaleresque, jusqu'à l'aider même dans les réparations que nécessitait le mauvais état de ses navires. Sidi-Mohammed, touché de ces nobles procédés, exprima, en 1774, son vif regret de n'être en paix avec l'Espagne que par mer : « il ne l'était pas par terre, » ce sont ses propres expressions. Pour le prouver, il vint inopinément mettre le siége devant Melilla. Cette subtilité de la *foi numide* offensa vivement la cour d'Espagne, qui rompit sur-le-champ toute relation avec le Maroc. Il est à croire que l'attaque de Sidi-Mohammed manqua de vigueur, car elle échoua complétement, bien que, sur la foi des traités, *son ami* don Carlos (Charles III) n'eût laissé dans Melilla qu'une très-faible garnison. Aux premiers renforts que cette place reçut, le sultan eut sujet de se repentir de son acte de trahison. Rudement éprouvé par le canon de la place, il fut obligé d'éloigner son camp, dépensa 30 millions de livres pour maintenir le blocus pendant quelques semaines, se jeta, de guerre lasse, sur Peñon de Velez, y fut aussi maltraité que devant Melîlla, et s'en revint tout honteux dans sa capitale, répandant partout, pour déguiser son échec, que le roi d'Espagne lui remettrait Melîlla dès que les moines chrétiens, que la cession de cette place exaspérait, auraient oublié les premières impressions de leur fureur. Les dévots musulmans se réjouirent grandement à cette nouvelle. Sidi-Mohammed songea immédiatement aux moyens de calmer l'Espagne, qui accueillit fort mal ses excuses, et lui témoigna longtemps la plus juste défiance. Ce ne fut qu'en 1780 que la paix fut de nouveau signée entre les deux cours. Sidi Mohammed fit de telles concessions qu'il parvint à faire oublier le passé.

Douze ans après, le sultan Moulaï-Yzid, oubliant les derniers traités, faisait de grands préparatifs pour assiéger Ceuta. Cette fois, l'Espagne n'attendit pas l'ouverture des hostilités. Elle traita le sultan comme il le méritait, en opposant à ce fourbe une fourberie qui eut un plein succès. Une frégate espagnole se présenta devant Tanger, déposa à terre des caisses chargées, disait-on, de présents pour l'empereur, et prit à bord tous les nationaux. Les caisses ne contenaient que des chiffons. La frégate prit le large immédiatement. Chemin faisant, elle surprit et enleva, sous les yeux même de l'empereur, deux felouques marocaines. Ivre de fureur à ce spectacle, Moulaï-Yzid s'en prit à son entourage. Il tua de sa main le kaïd Abbas, général en chef de la garde noire, l'homme de guerre le plus capable de toute son armée.

Le successeur de Moulaï-Yzid, Moulaï-Slîman, renouvela avec l'Espagne, en 1798, des traités qu'il maintint loyalement pendant tout son règne, mais que l'humeur indomptable de ses sujets rendit illusoires quant à Melîlla, Ceuta et les autres places espagnoles.

Dans ce rapide résumé, nous n'avons pas cru devoir mentionner une foule de conventions plus ou moins importantes faites depuis le seizième siècle entre les souverains d'Espagne et les sultans du Maroc. Qu'il nous suffise d'observer que ces conventions, dans le laps de temps qui sépare chacun des traités généraux, avaient constamment pour objet de masquer les défauts d'une paix chancelante. C'était, qu'on nous pardonne cette image vulgaire, un perpétuel replâtrage. La bonne harmonie entre les deux puissances était, de la part de l'Espagne, une œuvre de patience. Et qu'on ne s'en étonne pas : pendant huit cents ans, les Espagnols avaient vu toutes leurs forces absorbées dans des luttes auxquelles le reste de l'Europe n'avait pris aucune part; jusqu'à la complète expulsion des Maures, l'Espagne s'était trouvée isolée des nations chrétiennes; mais, avec Charles-Quint, elle s'était tout à coup jetée au milieu des autres peuples; elle avait vécu de leurs passions, partagé et dominé leurs champs de bataille. Dans cette mêlée, une vie nouvelle s'était ouverte pour elle. Des intérêts nouveaux la détournaieut du théâtre longtemps exclusif de ses exploits. Aussi voit-on, dans les grands traités qu'elle a, de loin en loin, conclus avec le Maroc, que le principal caractère des stipulations est de la servir dans ses luttes contre les puissances chrétiennes. Le traité de 1780 fut, sous ce rapport, un chef-d'œuvre d'habileté politique. Il démontre jusqu'à l'évidence que l'Espagne savait, en des moments donnés, recueillir les fruits d'une longanimité plus profitable que d'incessantes et inutiles démonstrations. Ce traité de paix donna à l'Espagne, pendant la guerre qu'elle soutint contre les Anglais, de 1779 à 1783, des avantages qui seraient à peine croyables, s'ils n'eussent été évidents. Le sultan ouvrit ses ports aux vaisseaux employés dans le blocus de Gibraltar. Il leur permit d'en sortir pour donner la chasse aux bâtiments ennemis. Il fournit des secours de toute sorte, et se chargea des transports. Il confia même à l'Espagne une partie de son trésor. Grâce à ces dispositions, Ceuta put être dégarnie d'hommes, de canons et de munitions. Pour apprécier la valeur de ce concours, il suffit de se demander ce qu'il fût résulté de dispositions contraires. La neutralité, de Maures à Espagnols, n'étant pas alors possible, Ceuta et Melîlla eussent été assiégés sur terre par les Maures, sur mer par les Anglais; les corsaires marocains eussent rendu impraticable le blocus de Gibraltar, et intercepté par mille moyens les approvisionnements du camp espagnol. A coup sûr, l'Espagne y eût perdu pour le moins ses possessions africaines.

Depuis l'établissement des Espagnols à Melîlla et à Ceuta, la situation de ces forteresses n'a point changé : c'est un état de blocus permanent, que les périodes de paix, entre chaque rupture déclarée n'ont que très-rarement interrompu. Pour s'expliquer ce fait, il faut savoir que l'autorité des sultans possesseurs du territoire a toujours été et reste encore purement nominale sur les tribus du Riff. Chaque fois qu'en vertu de traités, un sultan a voulu protéger efficacement Melîlla ou Ceuta, il a dû intervenir contre ses propres sujets, placer entre eux et les citadelles un rempart de soldats. Mais ces actes de volonté se sont rarement manifestés, et il est arrivé, notamment à Ceuta, que le camp d'observation destiné à contenir les tribus n'a fait que régulariser leurs attaques et leur prêter un appui souvent ostensible. Soit mollesse, soit impuissance, soit même complicité déguisée, les sultans n'ont répondu aux fréquentes réclamations de l'Espagne que par des assurances toujours vaines.

Que l'Espagne ait tardé jusqu'à ce jour à apporter un remède énergique, décisif, à cette situation, c'est ce que peut expliquer l'espoir qu'elle a nourri d'arriver par voie de négociations à un meilleur état de choses. Mais aujourd'hui, plus que jamais, les faits démontrent que le gouvernement marocain est au moins impuissant, s'il n'est pas toujours complice. Ainsi, en écartant même toute responsabilité de sa part, on aurait encore à aviser aux moyens de placer les *presidios* en de telles conditions, que désormais ils soient dégagés de l'intolérable voisinage qui les étreint, et qu'on y puisse respirer à l'abri des balles riffaines.

Les montagnards du Riff sont grands chasseurs, pirates et bandits. Ils cultivent peu leur sol, d'ailleurs assez ingrat. La rapine et le meurtre ont pour eux un singulier attrait. Ils n'ont qu'un respect médiocre pour les chérifs, descendants du Prophète, et, sauf leur haine pour les chrétiens, se montrent fort mauvais musulmans. Ils obéissent à des chefs héréditaires et indépendants, car ce n'est pas être soumis que de disputer sans cesse à main armée ce qu'un pouvoir détesté cherche à emporter par la violence. Leur haine pour les sultans n'est guère moindre que celle qu'ils ont vouée aux chrétiens. S'ils ne sont pas occupés à repousser les troupes qui viennent annuellement lever chez eux les impôts, ils ont les yeux sans cesse dirigés vers une double proie : les *presidios* et les navires que le courant entraîne à la côte. Lorsqu'ils voient un bâtiment que le calme a surpris et empêche de regagner le large, ils se précipitent en foule vers les rochers qui abritent leurs embarcations et se dirigent à force de rames, quelquefois avec le secours de lambeaux de toile, vers le navire, qu'ils abordent et qu'ils mettent au pillage. Les femmes, les enfants, les vieillards, se pressent sur le rivage et saluent par des cris enthousiastes le retour des bandits. On se partage le butin. Quant aux captifs, on les maltraite, on les torture, à moins qu'on ne juge opportun de les garder comme otages, en prévision de quelque revers. Dans ce cas, on se contente de les insulter. Chaque année les Riffains pillent ainsi cinq ou six bâtiments marchands, sans distinction de pavillon. Un certain nombre de navires anglais ont été récemment victimes de ces actes de piraterie. Il arrive de temps à autre que les assaillants rencontrent un accueil imprévu. Maintes fois des capitaines ont laissé dériver vers la côte du Riff leur navire chargé de monde et bien armé. Les pillards accouraient ; puis, tout à coup, criblés de balles et de mitraille, ils se voyaient contraints de regagner leurs retraites, laissant en mer les débris de leur flottille et des centaines de noyés. Mais ces exemples, trop rarement donnés à ces peuplades inhospitalières, n'ont sur eux d'autre effet que de les rendre plus habiles à guetter leur proie et d'exciter plus ardemment leurs désirs de représailles.

Les alentours des *presidios* sont pour eux un autre théâtre où ils peuvent satisfaire à la fois leur rapacité et leurs passions belliqueuses. C'est là qu'on peut appliquer à la lettre le fameux adage : *Con los Moros, plomo o plata.* Du plomb et de l'argent, voilà ce qu'ils y viennent chercher. Avec cette singulière aptitude qui distingue les sauvages à se plier sans effort aux situations les plus extrêmes, ils savent être chaque jour pour les Espagnols des marchands inoffensifs et des ennemis pleins de vigilance. Chaque matin, ils apportent devant la citadelle des denrées de toute sorte. Jusqu'à une heure déterminée, les soldats vont et viennent au milieu du marché, débattent avec les montagnards le prix des provisions qu'ils ont choisies. A contempler cette scène, animée par les rires, par les lazzi, par des incidents quelquefois burlesques, on se croirait sur un terrain où tous les cœurs sont unis par des liens fraternels. Il n'y a peut-être pas d'exemple que les indigènes aient jamais trahi la confiance de leurs clients désarmés. — Tout à coup, le son d'une cloche suspend les transactions. Les Maures empochent leur recette, les Espagnols rentrent dans la citadelle, dont les portes se referment aussitôt. En un clin d'œil les ânes et les mules détalent, emportant corbeilles et ballots. Les vieillards en prennent soin. Les hommes et les jeunes gens vont ramasser leurs fusils dans les buissons, et ouvrent contre la place un feu de tirailleurs qui durera, sans trêve ni relâche, jusqu'au marché du lendemain. C'est là, depuis des siècles, l'école de tir des jeunes garçons du Riff. Rarement l'ennemi se découvre; mais ils espèrent qu'une balle perdue ou déviée ira parfois frapper un Espagnol. Lorsqu'un étranger visite Ceuta, les officiers ne manquent pas, pour lui prouver que la solitude des abords n'est qu'apparente, de renouveler une expérience traditionnelle : ils élèvent au-dessus des murs un shako, et lui impriment, au moyen d'un bâton, le mouvement vague de la tête d'un homme en observation. A l'instant, vingt balles viennent en sifflant frapper ce point de mire ardemment épié. Cette vigilance des Riffains rend, sinon impossibles, du moins fort périlleuses, les tentatives que pourraient faire les condamnés des *presidios* pour recouvrer leur liberté. Si quelques-uns de ces malheureux réussissent, ils n'échappent à la mort qu'en se faisant circoncire. Quelques centaines de renégats sont ainsi répandus dans tout l'empire. Leur sort est généralement déplorable. Dès qu'ils ont quitté le *presidio*, il leur faut subir les plus rudes épreuves : la faim, la soif, le chaud, le froid, l'esclavage, les coups de bâton. Ils déclarent qu'ils veulent être musulmans ; on brise leurs chaînes, on les revêt d'habits magnifiques, on les gorge de couscoussou, on les mène à la mosquée, on les circoncit, on les promène en triomphe sur un cheval richement orné. Le son des clarinettes, des tambours, et les acclamations de la foule, saluent le nouveau croyant. Cet heureux état dure trois jours. Après trois jours, personne ne s'intéresse plus au renégat. La défiance, souvent le mépris, le désignent aux vieux croyants. Il mourrait de faim, si cela était possible dans un pays où la vie matérielle ne coûte presque rien. Il essaye alors de tous les métiers clandestins et qu'on ne saurait avouer en Europe, ou il finit par s'enrôler à Fez dans un corps d'artilleurs, entièrement composé de renégats; à moins que, résolu de sortir à tout prix de sa dégradation, il ne prenne le parti extrême de se remettre aux mains des autorités espagnoles, invoquant de nouveaux châtiments ou même le dernier supplice : on l'a vu quelquefois.

De cette attitude haineuse des Riffains vis-à-vis des Espagnols, il ne faudrait pas conclure que tous leurs vœux tendent à détruire les *presidios* et à affranchir leur sol de tout établissement étranger. Ils trouvent au contraire profit à leur maintien, et ils seraient fort désagréablement surpris si leurs continuelles attaques obtenaient le résultat qu'elles semblent poursuivre. Prendre l'argent des Espagnols et gagner le paradis en les tuant, quand cela est possible, telle est la pensée qui anime tous les Riffains. Leur fanatisme, si grand qu'il soit, ne s'élèvera jamais à la hauteur de leur cupidité.

Que sur notre frontière algérienne nous fassions nous-mêmes justice des agresseurs marocains, tels que les Beni-Snassen, les Mhaïas, les Angades, les Beni-Guîl, sans recourir à l'action du souverain sur ses propres sujets, c'est un fait que notre situation rend heureusement possible; mais vis-à-vis des Riffains, les moyens de répression directe seraient de nul effet, ou tout au moins insuffisants. Nous n'en voulons d'autre preuve que la mission accomplie par la corvette à vapeur *le Newton*, en 1854. Ce bâtiment de notre marine impériale, commandé alors par M. Huguëteau de Chaillé, longea toute la côte du Riff à portée de canon, envoya des bombes sur les villages, détruisit bon nombre de barques, en un mot, donna aux Riffains une leçon assez sévère pour que plusieurs de leurs chefs vinssent à bord demander la paix et offrir des otages. On amena sur le pont un taureau qui fut égorgé en présence du commandant, comme gage des promesses solennelles faites par les Riffains. Quelques mois après cet acte de soumission, deux navires étaient attaqués et pillés dans les mêmes parages où *le Newton* était venu croiser en faisant feu de ses batteries.

L'Espagne, en rendant le sultan du Maroc responsable des méfaits de ses sujets, en lui signifiant que c'est à lui de les contenir au moyen de la force armée dont il dispose, a pris la seule attitude qui puisse amener pour elle, dans un avenir plus ou moins prochain, les résultats qu'elle veut obtenir. Indépendamment des avantages particuliers qu'elle recherche dans la guerre actuelle, elle rendra d'incontestables services à la civilisation, non-seulement en amenant la suppression de la piraterie dans le Riff, mais en hâtant, pour ces races dégénérées, les jours de régénération.

Qui ne s'est indigné en voyant dans l'histoire des derniers siècles ce que l'inconcevable mollesse des puissances chrétiennes a longtemps prêté d'audace et de force aux puissances barbaresques? Qui pourrait douter aujourd'hui des résultats que produirait une attitude constamment énergique sur ce qui reste de ces puissances jadis redoutables? Si elles sont, comme on a lieu de le croire, intraitables, incorrigibles, n'est-ce pas que les actes de vigueur auxquels on a eu recours contre elles de temps à autre procédaient de nécessités impérieuses, mais accidentelles, et non d'un plan préconçu en vue d'une sérieuse action civilisatrice? Que la guerre du Riff inaugure une nouvelle attitude de l'Europe en face des peuples barbaresques; que ces peuples comprennent clairement qu'à chacun de leurs méfaits correspondra l'inflexible répression des puissances lésées. Que, par exemple, chacun des attentats commis par les Riffains contre le droit des gens entraîne pour l'empereur le payement d'amendes considérables : il sait trouver des armées pour lever l'impôt sur les tribus rebelles ; il saurait faire payer aux Riffains ces impôts de nouvelle espèce. Ceux-ci reconnaîtraient bientôt que la piraterie ne leur est d'aucun profit, qu'ils l'exercent même à leur détriment. Dès lors, les chefs l'interdiraient d'eux-mêmes à leurs tribus ; et comme chez ces peuples les intérêts pécuniaires ont force d'obligation morale, l'interdiction serait respectée. — En présence de l'entente soutenue des puissances chrétiennes, le Maroc finirait par reconnaître que son avenir, sa prospérité, son existence même, comme puissance musulmane, dépendent de son initiation à de nouveaux principes internationaux.

Si nous recherchons par quels moyens l'Espagne atteindrait plus promptement et plus sûrement le but immédiat de la guerre, nous remarquerons que ni le Riff, ni Tétouan, ni El-Araïch, ni Mogador, ni même Tanger, ne sont les points par où la monarchie mauresque soit bien réellement vulnérable.

La ruine des villes maritimes du Maroc n'aurait d'autre effet que d'anéantir le commerce sur le littoral ; et le Maroc n'a pas besoin de commerce international, puisque jusqu'au commencement de ce siècle il se suffisait fort bien à lui-même. On ne lui ferait assurément aucun tort en le replaçant dans ses anciennes conditions : on irait peut-être ainsi au-devant des plus chers désirs de son gouvernement. Sans parler de Fez et de Meknez, on doit considérer Salé, la ville sainte, comme la véritable clef de l'empire. La lutte peut se dénouer ailleurs; mais là, le dénoûment serait prompt et infaillible. Rappelons-nous les soucis et les projets du grand Al-Mansour. Il est douteux que de nos jours aucun politique puisse concevoir, sur la situation stratégique du Maroc, un sentiment plus juste que celui dont cet autre Charlemagne était rempli. Cette situation n'a pas changé. Plus que jamais Fez et Maroc dépendent l'un de l'autre par Salé et Rabatt. Séparées par la chaîne infranchissable de l'Atlas, les deux capitales ne peuvent communiquer que par la route qui, partant de chacune d'elles, vient aboutir, sous le canon de Salé, au seul point où il soit possible de tourner la chaîne des montagnes. Occupez ce point, la circulation est arrêtée; le mouvement, la vie politique sont paralysés. Les plaines deviennent la proie des Berbères, des Zahires; les prétendants sont encouragés; les tribus sont en guerre : partout la dévastation, les scissions, le démembrement, la ruine. — Prendre Salé, c'est mettre le poignard sur la gorge du sultan.

Quels que soient les plans dont l'exécution amène le triomphe des armes espagnoles, ces réflexions n'en ont pas moins leur propre valeur, puisqu'elles ont préoccupé l'esprit le plus vaste qui ait disposé des destinées de l'empire du Maroc.

J'ai vu au Maroc un homme qui a compris d'une façon moins imposante, mais plus directe, la répression de la piraterie sur les côtes du Riff. C'était un Anglais d'origine française, un de ces hommes rares aujourd'hui, dont la vie pourrait être lue avec intérêt après l'histoire des aventuriers de la meilleure école. Il avait en aversion singulière ce qu'il appelait « les spéculations oisives de l'esprit. » Il traduisait en faits ce que d'autres concevaient comme possible, alors même que la substitution de sa seule activité à la force collective l'entraînait aux plus terribles aventures. Sa première jeunesse s'était passée à courir le monde et à essayer de tous les métiers. Il avait épousé à Gibraltar une femme distinguée et en avait eu deux filles ; la douce influence de la vie de famille avait mis un frein, pendant quelques années, à son humeur inquiète ; mais un jour ses instincts de chercheur d'aventures s'étaient réveillés plus énergiques : il avait laissé à sa jeune femme le soin d'élever ses enfants, et s'était remis à courir le monde. On le vit débarquer à Tanger, acheter du sultan un coin de terre sauvage perdu au pied des rochers du cap Spartel, et bâtir dans cette solitude une cabane qu'il habita plusieurs mois.

Il était toujours errant, sans que personne pût pénétrer le but de ses courses, et ne rentrait dans son étrange domicile que pour s'y barricader avec soin. Il marchait armé comme un boucanier, pénétrant jusque dans les douars les plus inhospitaliers, et fréquentant les marchés perdus dans les montagnes. Grand, agile, robuste, la tête toujours haute, l'œil toujours flamboyant et menaçant, il châtiait rudement les Arabes qui le regardaient de trop près à son gré. Rien ne déconcertait son audace. On l'a vu rouer de coups des indigènes au milieu de la foule de leurs frères stupéfaits. Vingt fois il a échappé à des embuscades et aux balles qu'on lui adressait du milieu des buissons. Les Arabes avaient fini par le considérer comme sorcier, et ils l'évitaient avec soin : sa vue intimidait les plus courageux.

Il dut un jour quitter sa retraite du bord de la mer : des espions révélèrent qu'il en avait fait un entrepôt de ballots, enlevés ensuite par des barques espagnoles, à la faveur des nuits les plus obscures.

Pris en flagrant délit de contrebande, il quitta le pays, à la satisfaction générale des indigènes. Mais un jour on le vit débarquer de nouveau à la marine de Tanger. Les rives du Sacramento, qu'il avait été explorer, n'avaient fait que fortifier sa prédilection pour le Maroc, où il ne coudoyait pas une foule d'aventuriers vulgaires et grossiers. Il s'était bien improvisé capitaine d'un petit navire acheté par lui à Cadix, dans l'intention de se livrer au cabotage sur les côtes d'Espagne; mais ce genre de navigation ne pouvait contenter longtemps son humeur un peu belliqueuse; il venait de vendre son navire lorsqu'il débarqua à Tanger.

Il entreprit ostensiblement le commerce de chevaux, et fit plusieurs voyages jusqu'au sud de Maroc, pour se procurer des bêtes de prix, qu'il ramenait à Tanger. Pendant une nuit d'hiver, les gardiens du port crurent entendre, mêlé au bruit du vent, celui de piétinements sourds sur le sable de la plage. On découvrit que c'était là une récidive du terrible sorcier *inglis*. Ce contrebandier endurci avait loué des écuries adossées à une brèche du vieux rempart, et faisait passer ses chevaux pardessus la brèche, au risque de leur rompre les jambes. Il avait réussi à en embarquer un certain nombre pour l'Espagne : on confisqua ce qui restait.

L'infortuné maquignon dut songer à dire au Maroc un nouvel adieu. Sa position à Tanger n'était rien moins que régulière. Le séjour lui en avait été interdit par suite d'un fait qui, en tout autre temps, eût entraîné pour lui le supplice capital. On sait qu'au Maroc tout chétien qui entre dans une mosquée est puni de mort par les lois du pays. Or, un jour qu'il poursuivait un indigène qui l'avait insulté, celui-ci se réfugia dans la grande mosquée, asile inviolable. Mais le chrétien ne s'arrêtait pas pour si peu : il franchit le seuil sacré et alla châtier à coups de cravache l'insolent qui s'était blotti dans la *khotba* (chaire de l'iman). Les fidèles, témoins de cet attentat inouï, restèrent cloués au sol comme pétrifiés : le chrétien sortit d'un pas égal et s'en fut conter le fait au consul d'Angleterre. Après des difficultés sans nombre, et malgré les clameurs des dévots qui réclamaient la tête du profanateur, l'autorité marocaine se contenta d'exiger qu'il ne résidât plus à Tanger. Non-seulement il n'avait pas tenu compte de cette injonction, mais il s'était rendu coupable d'un nouveau délit. Le consul anglais lui signifia cette fois de vider pour toujours le pays.

Grande fut sa mauvaise humeur de se retrouver exilé à Gibraltar. Il y apprit quelques méfaits dont les pirates riffains se rendirent coupables vers cette époque, et il se mit en tête de faire tomber sur ces mécréants, en servant la cause de la morale publique, le poids de la fureur qui l'étouffait au souvenir de ses mésaventures dans les États marocains. Il achète une mauvaise felouque, engage vingt hommes déterminés ; puis, muni d'engins de carnage, il fait voile vers la côte du Riff, qu'il aborde pendant la nuit. Il surprend dans une anse retirée une flottille de barques riffaines. Il y met le feu, bat les pirates, pille les pillards, en tue un bon nombre, et s'échappe avant le jour, pour rentrer à Gibraltar avec une prise qui paye largement les frais de son expédition.

Cet homme ne se fixait à rien. On l'a vu depuis commander en Crimée une troupe de Bachi-Bouzouk qu'il faisait trembler. Si le ciel lui prête vie, je ne doute pas que les côtes du Maroc ne deviennent pour lui le théâtre de nouveaux exploits : il y a trouvé trop d'obstacles pour n'y point revenir.

CHAPITRE XV

LES FEMMES.

La plupart des poëtes ont comparé leur bien aimée à une colombe : cette image charmante s'est présentée d'elle-même à mon esprit quand j'ai vu pour la première fois apparaître au loin, dans la campagne, une mauresque enveloppée de ce long voile blanc qu'on appelle *haïk*. Ses pieds chaussés d'écarlate glissaient sur l'herbe de la prairie. La blancheur de ses vêtements, sa démarche gauche, cadencée et comme indécise, tout me rappelait une colombe au milieu des gazons.

C'est ainsi que souvent j'ai reconnu combien sont vraies les images de l'antique poésie orientale. Plus souvent encore, je me suis arrêté pour contempler des scènes bibliques, dont les personnages, après quarante siècles de silence, semblaient revivre sous mes yeux. J'ai vu Abraham, le père majestueux des croyants, assis à l'entrée de sa tente, contempler ses enfants qui s'ébattaient dans les hautes herbes, et reporter ses regards sur le profond azur du firmament, dont il semblait compter les étoiles, emblème de son innombrable postérité. J'ai envié le bonheur d'Éliézer étanchant sa soif dans une eau fraîche et pure que présentait à ses lèvres la main de la belle Rebecca. J'ai admiré la fière beauté de la fiancée d'Isaac, ses yeux pleins de doux éclairs, sa taille souple et riche, ses épaules dorées par un ardent soleil, ses bras qu'elle élevait avec une grâce inimitable pour soutenir l'urne aux lèvres du voyageur. Sarah m'a toisé d'un œil altier : elle m'a poursuivi de ses ricanements de centenaire. Agar et Ismaël ont attendri mon cœur, malgré les farouches regards qu'en fuyant ils dardaient sur moi.

Mais pour retrouver les scènes patriarcales, il faut pénétrer au sein des tribus qui vivent sous la tente, et dont les mœurs imposent aux femmes une vie plus libre, ou plutôt un esclavage plus rude et plus laborieux. La plupart des femmes que j'ai vues dans les douars étaient défigurées par les misères de l'esclavage domestique. On les voit, à demi vêtues de lambeaux noircis et déchirés, flétries, ridées, haletantes, se courber vers la terre qu'elles cultivent, supporter les plus durs travaux, plier sous des fardeaux énormes. Femmes et filles s'avancent ainsi chargées, pieds nus, sur le sol ardent. Le chef de famille se prélasse sur la croupe boîteuse d'un âne presque toujours pelé et saignant. Les garçons suivent leur père, les plus jeunes gambadant, les plus forts babillant entre eux.

L'amour ne fait qu'effleurer de ses ailes le cœur de ces femmes, bientôt déshéritées de toute grâce et de toute jeunesse. A quinze ans, leur beauté décline; à vingt ans, elles ont perdu tous les charmes délicats; leurs formes robustes prennent cet aspect de virilité, présage d'une rapide décadence; enfin, à trente ans, commence pour elles la décrépitude. Et cependant, à travers les ravages prématurés de la servitude, il est facile de reconnaître chez les Bédouines et chez les Berbères les grands traits qui distinguent une race vigoureuse et belle. J'ai vu parmi elles de très-jeunes filles dont les plus belles statues de la Grèce offriraient seules le modèle. Souvent, tandis que j'explorais à marée basse les roches de Rabatt, fertiles en plantes marines, je voyais accourir de tous les points du rivage les femmes de la Kasbah, dont la constante occupation est de laver à l'eau de mer les laines achetées par nos trafiquants. Quelques-unes montaient sur les pointes élevées des rochers, prêtes à signaler à toute la troupe l'apparition redoutée d'un Actéon indigène, qu'hélas! elles n'eussent pas réussi à rendre muet. Sous la sauvegarde de sentinelles promptes à donner l'alarme, chacune de ces filles de la nature posait au Nazaréen les questions les plus diverses et les plus délicates. Le Nazaréen était un grand et puissant médecin ; les plantes qu'il recueillait dans la mer étaient, sans nul doute, des remèdes merveilleux guérissant tous les maux. Aussi, voulait-on profiter d'une si belle occasion de salut. De là, les exhibitions les plus imprévues, les évolutions les plus mythologiques. C'est alors que j'eus lieu de me convaincre combien la pudeur, telle que nous la concevons, est étrangère aux femmes musulmanes : le seul soin qu'elle parût leur inspirer était de me cacher leur visage.

Les chefs n'imposent pas à leurs femmes les labeurs qui sont le partage du plus grand nombre. Ils les renferment dans des tentes séparées, et les entourent d'esclaves et de servantes. Ils les couvrent de bijoux et de vêtements somptueux. Mais leur esclavage n'en est pas moins réel, et l'oisiveté n'adoucit guère la tristesse de leur condition. Chez les Berbères surtout, la femme est considérée comme un meuble dont le maître peut disposer à son gré. Le père vend sa fille à qui veut l'épouser. Si le mari meurt sans enfants, sa femme revient par droit d'héritage au frère ou au plus proche parent du défunt. Si au contraire il laisse un fils, celui-ci devient propriétaire de sa mère, qu'il peut vendre au même prix qu'elle a coûté à son père.

Les femmes des villes passent leur vie au fond de chambres humides et obscures, n'ayant d'autre souci que de se parer, de manger et de dormir. Toute culture intellectuelle leur est refusée. L'amour maternel même ne vient pas illuminer ces âmes flétries : dans leurs fils, elles ne peuvent reconnaître que des maîtres à servir; dans leurs filles, elles ne sauraient voir que des victimes qu'on engraisse pour le sacrifice. Le mieux, pour elles, est qu'elles vivent sans penser. Elles s'accoutument de bonne heure à végéter dans l'engourdissement du cœur et de l'esprit. Celui qui les voit et s'apitoie sur leur sort souffre plus en les contemplant qu'elles ne souffrent elles-mêmes dans toute leur vie, du sein de leur mère jusqu'au sein de la terre, où elles entrent sans avoir vécu, s'il est vrai que l'amour soit toute l'existence de la femme. La poésie s'enfuit à tire-d'aile quand on pénètre dans la vie intérieure des femmes musulmanes. Si l'on veut reconnaître en elles ces êtres charmants que notre imagination a pu souvent rêver, il faut les voir avec les yeux de l'artiste, et encore, dans un lointain favorable, enveloppées dans les voiles qu'elles savent rouler autour d'elles avec tant de grâce.

C'est ainsi qu'un jour je me trouvai en face d'une scène telle que dut en contempler Homère avant de chanter Nausicaa. J'avais suivi le fond d'un ravin desséché, et je gravissais un tertre rocheux couronné de genêts et de palmiers nains. Le soleil ne lançait plus que des feux obliques; les ombres s'allongeaient, et je voulais goûter quelque fraîcheur. Le tertre dominait une prairie d'un vert éclatant, entourée d'arbres formant des massifs épais, et comme une ceinture d'ombre qui faisait paraître l'azur plus lumineux, le gazon plus riant. Une petite rivière, coulant sur un lit de cailloux, venait avec bruit dérouler à mes pieds le frais ruban dont elle enveloppait la prairie. Au bord de cette rivière, dans le lointain qui convient aux belles visions, quelques femmes reposaient, ou cherchaient dans une eau peu profonde un refuge contre la chaleur de la soirée. Les unes, étendues sur l'herbe, gardaient les vêtements de leurs compagnes; d'autres se soulevaient à demi, et semblaient embrasser du regard tous les points de l'horizon. Une d'elles se leva, et étendit les bras en ajustant sur ses épaules les plis légers de son haïk. Ces formes blanches se mouvaient sur le fond de verdure sombre, et se groupaient avec des attitudes nobles et avec une grâce enchanteresse.

Si quelque étranger pouvait voir ainsi les femmes de l'Orient lui apparaître comme dans un nuage, il connaîtrait d'elles tout ce qui est charmant et poétique, et je lui souhaiterais de s'en tenir à ces apparences, sans tenter de soulever le voile qui protége l'idole. Mais ce voile même est un aiguillon puissant pour la curiosité. Dès les premiers jours de mon arrivée en Afrique, j'avais été frappé de l'apparence mystérieuse que donnent aux femmes ces plis impénétrables dont elles s'enveloppent avec un soin vigilant; j'étais las de ne voir en elles que des fantômes ambulants; je voulais à tout prix connaître les traits de la beauté mauresque. Quand je passais au bazar, je voyais l'œil unique que ces femmes laissent paraître se fixer sur moi avec une expression toujours uniforme; je ne pouvais y distinguer une nuance, un sentiment : aussi, toutes les Mauresques m'apparaissaient comme une seule femme, un seul spectre blanc, avec un œil toujours noir et toujours impassible.

Un jour que, penché à ma fenêtre, je méditais sur les moyens d'acquérir d'autres notions, je vis venir à moi, en se dandinant, un de ces fantômes dont l'aspect commençait à fatiguer mes nerfs. Un juif passait, portant un vase de fer-blanc fraîchement étamé; le soleil se jouait autour de ce vase : un rayon en jaillit qui vint éblouir au fond de son antre jaloux l'œil fixe de la Mauresque. Elle entr'ouvrit son voile, regarda le juif, et passa. Ce fut pour moi un trait de lumière. J'allai prendre une petite glace ronde et revins à la fenêtre, attendant une autre apparition. La ruelle était fréquentée. Deux femmes paraissent bientôt : je me prépare à tenter une expérience qui m'avait autrefois réussi en mainte occasion. J'oriente mon miroir, un disque lumineux se joue sur l'ombre de la muraille. La houri passe : ma main tremblait, le rayon tremblait aussi; mais il plonge enfin entre deux plis serrés, et... et la femme lève brusquement la tête en écartant son voile : c'était une horrible négresse!... Un grincement de deux rangées de dents jaunes et démesurées me rejeta au fond de ma chambre. Je fus consolé par d'autres succès. Toutefois, ce n'est pas sur ces souvenirs que je peindrai la beauté des Mauresques : les années qui suivirent m'apportèrent d'autres enseignements.

Comme les juives, comme toutes les femmes de l'Orient, les Mauresques ne sauraient prétendre longtemps à la beauté féminine telle qu'elle est appréciée parmi nous. Il faut donc séparer ces femmes en deux troupes : l'une comprend les très-jeunes filles et les femmes qui n'ont pas vu le vingtième printemps; l'autre composée des femmes qui ont atteint ce degré de maturité seul estimé des peuples musulmans. Certes, je n'ai jamais été appelé à prononcer entre des beautés indigènes le jugement du berger Pâris; et cependant, je suis fondé à croire qu'un autre Pâris, fût-il instruit par la contemplation de charmes divins, saurait distinguer plus d'une Hélène au milieu de la première troupe choisie.

La plupart des visages que j'ai pu étudier étaient d'une beauté pure et sévère. Les traits étaient nobles; les yeux, de vrais yeux de gazelle; les contours doux et pleins. Une pâleur délicate, fruit de la réclusion et des longs loisirs, ajoute un charme étrange à la beauté de ces malheureuses, dont la plupart semblent consumées par quelque intime souffrance. Peut-être s'en trouve-t-il qu'un visage plus expressif et le feu de quelque ardente passion rapprochent des fougueuses héroïnes de Byron : il ne m'a pas été donné de les rencontrer. Tristes serrements de cœur, tendre pitié, émotions mélancoliques : telle est la moisson que j'ai toujours recueillie dans le champ de ces attrayantes mais navrantes études. Je n'oublierai jamais une certaine nuit sombre et pluvieuse dont un jeune Maure de mes amis avait profité pour m'introduire dans sa maison et dans la chambre de ses femmes. Depuis plusieurs mois, je suppliais ce jeune homme de me donner l'occasion de voir enfin une Mauresque. Il était marié depuis peu, et me vantait la beauté extraordinaire d'Atika : c'était le nom de sa nouvelle femme; il était déjà possesseur d'une négresse dont il avait deux enfants. Longtemps il se refusa à mes désirs, en alléguant les dangers qu'une semblable infraction aux lois du Koran pouvait amener sur sa maison. Nous étions dans la saison des pluies; il me dit enfin qu'à la première nuit bien noire qui viendrait, il m'introduirait chez sa nouvelle femme.

Cette nuit arriva. On ne distinguait rien à deux pas devant soi; de larges nappes d'eau fouettaient les murailles des ruelles désertes. Ahmet, vêtu d'un burnous sombre, marchait à tâtons, et je le suivais en rêvant aux tableaux les plus enchanteurs. Ahmet avait envoyé ses domestiques à la campagne. Il ouvrit sans bruit la porte de sa maison, et me fit franchir un étroit escalier. Nous entrâmes dans une chambre resplendissante de lumière. Au fond d'une alcôve, assise sur un tapis bariolé, et appuyée sur des coussins, Atika reposait. Un coup d'œil me convainquit que sa beauté était au-dessus de toutes les louanges. Ses joues s'empourprèrent à mon aspect. Elle se souleva à demi, étendit vers moi une petite main rougie de henné, et m'adressa d'une voix douce quelques mots de bienvenue. Je pris place à côté d'elle. C'est alors que je vis pour la première fois le gracieux et éblouissant costume qui se cache sous le kaïk des riches Mauresques. Qu'on me pardonne une courte description.

Atika portait un caleçon de soie d'un rouge cerise, qui laissait ses jambes nues depuis le dessous du genou. Une robe de soie d'un bleu céleste, parsemée d'étoiles d'or et couverte d'une autre robe de gaze transparente, était serrée autour de sa taille par un tissu d'or et de soie rouge. Un gilet de velours écarlate sortait de cette ceinture et s'ouvrait sur la poitrine, que voilait à peine un nuage de gaze mouchetée d'argent. Trois rangs de perles faisaient ressortir la blancheur rosée de son cou. Des anneaux d'or couvraient ses bras, enveloppés d'une mousseline légère qui en laissait deviner les lignes flexibles et fines. Un bandeau de soie rouge pressait sa tête charmante, et des franges erraient en flocons soyeux autour de ses cheveux noirs, mêlées aux anneaux d'or qui ornaient les oreilles.

Atika se livrait à un babil enfantin. Elle m'accablait de questions absurdes dont elle n'attendait pas la réponse. Elle avait vu au bazar la femme d'un consul chrétien : elle s'étonnait qu'un mince corsage pût surmonter un corps démesuré ; elle croyait que la jupe tombait sans artifice sur des formes dont l'opulence la remplissait d'admiration : « Si ce n'eût été la crainte du *mkhazni* (soldat), me dit-elle, j'aurais essayé de m'assurer *par mes mains* d'un fait si merveilleux. » Elle pouvait avoir douze ou quatorze ans à peine, et se montrait curieuse sur beaucoup de points que sa vivacité ne fit heureusement qu'effleurer. Il lui eût été difficile d'ailleurs de briller par les charmes de l'esprit ; il nous serait encore moins facile d'imaginer à quelles inepties s'appliquent ces intelligences obscurcies et étouffées.

Je m'étais muni d'une bouteille d'un vin généreux, sachant par expérience combien le diable agrée aux musulmans s'il vient les tenter sous cette forme. Je proposai à Ahmet le fruit défendu. La belle Atika saisit la bouteille au passage : « Qu'est cela, sidi ? — Du vin de France. — Je veux en goûter. » Et déjà la bouteille était vide. Les deux époux, en quatre gorgées, avaient tari jusqu'aux dernières gouttes. « N'as-tu que celle-là ? » Je dus céder aux prières d'Atika, traverser la ville dans les ténèbres, au milieu des torrents d'eau, et rapporter deux autres bouteilles, qui furent accueillies avec enthousiasme.

Si grande fut l'avidité de la Mauresque, si comique était l'ardeur qu'elle mit à se renverser en élevant le coude, et à presser de ses lèvres les goulots trop avares, que sa beauté, sa grâce, ses atours, me parurent tout à coup grotesques : le charme fut dissipé sans retour. Ahmet prenait plaisir à voir la joie de sa femme. En présence d'exploits imprévus, j'étais resté dans la stupeur. Les bouteilles gisaient sur le tapis; Atika les avait vidées coup sur coup sans qu'il nous fût possible d'y avoir notre part. Ses yeux, jusqu'alors assez languissants, s'animaient d'un feu étrange : les cris, les rires fous, les chansons, éclataient tour à tour. Parfois Atika se taisait, se renversait en bâillant, ou poussait des soupirs profonds en jetant dans une cassolette des monceaux d'aloès et de benjoin. Tant de beauté, tant de grâce et de charmes, aux prises avec une grossière ivresse, n'excitaient en moi que de la pitié, et presque de la douleur. Ahmet se leva. Je sortis au milieu d'un nuage de parfums dont l'âcreté pénétrante exaltait encore la folie d'Atika.

Ahmet me dit plus tard que souvent, pendant les longues nuits d'hiver, il prenait plaisir à s'enivrer ainsi avec sa charmante moitié. C'est surtout à lui, c'est à ses confidences, que je dois d'avoir pu connaître les idées précises des musulmans sur leurs femmes, et le genre de vie auquel ils les soumettent. Parmi eux, il s'en trouve qu'une générosité naturelle élève à des mœurs plus humaines ; parmi leurs femmes, quelques-unes échappent, à force de grandeur d'âme et d'intelligence, aux abaissements de la commune servitude ; mais ce sont de rares exceptions. Dureté d'une part, avilissement de l'autre, insensibilité et dégradation : tel est le caractère général des rapports de l'homme avec la femme dans la société marocaine, où la plupart des maris règnent par la grâce du bâton.

CHAPITRE XVI

RAHMANA. — LA RUINE.

On comprend que de telles mœurs ne doivent guère favoriser le développement des amours dramatiques, et nos feuilletonistes chercheraient en vain au Maroc les éléments des aventures dont leur imagination se plaît à doter la race africaine. Si rares sont les cas d'exception, que je dois citer le seul qui soit venu à ma connaissance.

Peu de temps après le combat de l'Oued-Isly, un navire français, retenu par le calme sur les côtes du Riff, fut attaqué, pillé, et incendié par les pirates riffains. Le consul de France obtint du sultan Abd-Er-Rahman une indemnité, et le sultan, voulant frapper de terreur les Riffains et leur ôter l'envie de commettre de nouveaux méfaits, envoya dans leur pays une armée sous les ordres du kaïd Faradji, qui détruisit plusieurs villages, et ramena à Tanger une foule de prisonniers. Parmi ceux-ci était un jeune homme connu sous le nom d'Arouci. Beau, grand, vigoureux, il avait été livré par le cheikh de sa tribu comme le principal chef des pi-

22.

rates de cette partie de la côte, et ses yeux pleins de feu, ses traits d'une fière énergie, ne démentaient pas les exploits qu'on lui attribuait. On se demandait comment un tel homme avait pu être abandonné des siens, car l'usage des tribus, lorsqu'on exige des otages, est de choisir parmi les plus vils, auxquels, pour cette sorte de négociation, on accorde toutes les qualités ou tous les mérites qui peuvent leur donner un prix aux yeux du vainqueur. On a su, plus tard, qu'un motif de jalousie et d'injuste vengeance avait déterminé le cheikh riffain à confondre Arouci parmi les misérables qu'on emmenait dans les prisons du sultan.

Une année s'écoula. Les gens du Riff n'ayant donné aucun autre sujet de plainte, on mit leurs otages en liberté. Arouci resta quelque temps encore à Tanger ou aux environs; il disparut tout à coup. Bientôt, dans tout le pays qui s'étend entre El-Araïch et Salé, il ne fut plus question que de brigandages et de meurtres; chaque jour, les courriers apportaient des récits effrayants. Les caravanes, si nombreuses qu'elles fussent, étaient pillées. Les riches marchands, les cadis, les tholba étaient mis à nu, et rentraient ainsi dans les villes à demi morts d'effroi. Les soldats du sultan étaient égorgés sans pitié dans des embuscades. Aucun ne pouvait échapper à ces attaques audacieuses ; aucun, sinon les pauvres diables qui voyageaient seuls, et dont la misère était connue de tout le monde.

Un négociant de Tanger traversait une petite plaine voisine d'El-Mamôra. Quelques amas de pierres bordaient la route à droite et à gauche.

« Arrête, lui cria tout à coup une voix formidable, descends de ta mule, laisse-la, va-t'en ! »

Le négociant avait tourné la tête du côté où partait la voix. Le canon d'un fusil dirigé sur lui l'avait bien vite décidé à l'obéissance. En arrivant à El-Araïch et à Tanger, il affirma avoir parfaitement reconnu, entre deux quartiers de roche, le visage du Riffain Arouci. D'autres témoignages se répandirent à l'appui du sien, de sorte que le doute fit place à la plus entière certitude. L'ancien otage riffain avait donc rassemblé des bandes nombreuses, et faisait trembler tout le pays qui avoisinait El-Mamôra. Son audace surpassait tout ce que les vieillards se rappelaient des plus audacieux bandits. Vingt fois il parut dans la tente ou dans la maison des kaïds sous des déguisements tels que l'œil de Dieu pouvait seul les pénétrer, et chaque fois il en sortit en jetant son nom au milieu de ses hôtes terrifiés, qui n'osaient le poursuivre.

Le kaïd de la citadelle El-Mamôra était, à cette

époque, Sid-Mohammed-Abd-El-Djebar, ce cheikh riffain qui avait autrefois livré Arouci aux troupes du sultan, et qui depuis avait été comblé des faveurs de son maître. On comprend le motif qui avait déterminé Arouci à s'établir dans le voisinage d'El-Mamôra : il avait juré d'être le fléau de son ancien cheikh, de troubler chacun des jours de sa vie, de faire crever sur lui un nuage de colère et de maux.

Abd-El-Djebar avait une fille d'une grande beauté, Rahmana, et il venait de la donner en mariage au fils du pacha de Salé. Des fêtes avaient rassemblé à El-Mamôra toute la jeunesse riche de la province. Après toutes ces fêtes, qui durèrent plus de quinze jours, le nouveau marié partit, emmenant sa femme à Salé. Le cortége était nombreux. Outre les amis des deux familles, on y comptait cinquante cavaliers *oudaïa* choisis parmi les plus intrépides de la citadelle. On avait à franchir un défilé étroit, resserré entre deux remparts de dunes et de collines boisées, et barré, vers le milieu de sa longueur, par les branches d'un vieux chêne qui prend ses racines au fond d'une antique citerne. Ce lieu est connu sous le nom de *Dour-Zim*, et le chêne de Dour-Zim a, de tout temps, servi de point d'observation aux bandits qui infestent le pays. L'endroit ne saurait être mieux choisi. Du haut de l'arbre, ils dominent la route dans tous les sens, et calculent longtemps à l'avance les forces qu'ils auront à combattre. Du côté des dunes, ils n'ont aucune surprise à redouter : aucune route ne les commande ; la mer lance éternellement des colonnes d'écume sur d'affreux rochers que nul ne saurait aborder. Au versant opposé, et derrière les monticules couverts de broussailles, la forêt déroule ses fourrés épais, où les cavaliers ne peuvent poursuivre des hommes qui savent ramper comme la couleuvre, et qui disparaissent en un clin d'œil avec leur butin.

L'escorte avait dépassé le vieux chêne et la citerne de Dour-Zim, aucun froissement dans les broussailles, aucune agitation dans les feuilles, n'avaient inquiété l'œil vigilant des voyageurs. Le ravin s'élargissait ; ses bords abaissés laissaient entrevoir la plaine qui finit aux murs de Salé. Rahmana, portée sur une mule, s'avançait entre son mari et son frère, Sidi Ali, jeune homme fier et hautain, détesté pour son orgueil et redouté pour sa bravoure. Le kaïd Abd-El-Djebar les suivait, et caressait sa barbe en louant Dieu de l'avoir préservé des bandits.

« Arouci te salue, ô cheikh Abd-El-Djebar ! »

Ainsi parla tout à coup une voix tonnante ; et

vingt coups de feu éclatèrent en même temps; une nuée de bandits s'abattirent sur l'escorte avec des cris et des hurlements. La mule de Rahmana est renversée; un homme, un démon, fond sur la petite tente qui protégeait la mariée, enlève Rahmana, et l'emporte en bondissant vers la forêt. Si terrible avait été l'attaque, si rapide avait été l'action, que le mari de Rahmana, son frère, son père, les amis qui l'entouraient, gisaient sur le sol, embarrassés sous leurs chevaux sanglants, comme si la foudre même les eût anéantis. Arouci fut suivi dans sa retraite par ses audacieux amis, dont un seul resta parmi les morts.

Abd-El-Djebar n'était pas homme à se livrer aux transports d'une rage inutile. Naturellement haineux et cruel, il n'ouvrit la bouche que pour jurer par le Prophète, par les serments les plus redoutables, qu'il ne dormirait plus dans sa maison avant d'avoir tiré vengeance du ravisseur. Sidi Ali fit le même serment : il jura de ne pas raser sa tête avant d'avoir torturé et égorgé de ses mains le Riffain Arouci. Ils demandèrent au sultan des forces considérables, et commencèrent une vie d'embuscades et de combats acharnés qui ne fit qu'accroître leur fureur. Ils ne paraissaient plus à leur kasba; ils campaient tantôt ici et tantôt là, sans se rebuter des surprises meurtrières, des dangers du jour et des terreurs de la nuit.

Une année entière s'écoula dans cette lutte sans trêve ni merci. Traqués de toutes parts, les bandits se retirèrent enfin au cœur de la forêt, et le cercle de leurs persécuteurs se resserra au point que chaque sortie diminuait sensiblement leur nombre. Les cavaliers du sultan gardaient les douars et tout le pays alentour, soupçonné de fournir des vivres aux assiégés. Ceux-ci ne pouvaient tenir longtemps contre une vigilance aussi implacable; la rareté ou la timidité de leurs attaques témoigna bientôt de leur suprême détresse. Ils disparurent; les derniers durent mourir de faim dans les bois, ou s'échapper isolément.

Le sort de Rahmana était resté un mystère. Son mari assurait qu'elle avait été tuée; le Riffain n'avait emporté qu'un cadavre. Mais la rumeur publique, sans qu'il fût possible d'en trouver la source, repoussait cette assertion : Rahmana était vivante, telle était l'opinion répandue et accréditée dans tout le pays.

Arouci, depuis quelque temps, semblait être devenu invisible; aucun indice ne révélait plus sa présence dans le pays. Ou il avait pris le parti de mourir comme le lion dans son repaire, ou il pouvait, à la faveur de secrètes intelligences avec les gens des douars, vivre tranquille au cœur de la forêt, et attendre l'occasion de reparaître avec de nouvelles forces. Peut-être encore, en face d'une situation désespérée, avait-il lui-même provoqué la dispersion de ses derniers compagnons, et cherché son salut dans la fuite.

Ces pensées irritaient la fureur du cheikh et du féroce Sidi Ali : leur haine comptait pour rien la mort de tant d'hommes, si la seule victime qu'ils avaient recherchée leur échappait. On les voyait battre sans cesse la lisière des bois avec des meutes moins acharnées qu'ils ne l'étaient eux-mêmes, et tenter chaque jour de pénétrer dans des fourrés où ils épuisaient leurs forces, mais non leur ardeur. Longtemps ils repoussèrent avec une obstination farouche la pensée que tous ces efforts pouvaient n'amener aucun résultat; force leur fut enfin de reconnaître que l'homme puissant livre d'inutiles assauts, lorsqu'il s'attaque à des obstacles que Dieu lui-même a voulu rendre inaccessibles : or, la forêt était si bien enlacée de lianes, de plantes épineuses et de buissons noueux, que la vigueur des chevaux et la colère des chiens s'épuisaient en vain contre ces remparts « nés de la poussière et nourris de l'eau du ciel. »

Un jour, après une de ces vaines tentatives, le cheikh et son fils secouaient leurs vêtements en lambeaux, et rappelaieut leurs *sleug* (lévriers) sanglants et haletants. Ils chevauchaient en silence, lorsqu'ils virent un homme qui de loin semblait les appeler. Le cheikh alla vers lui, et cet homme lui apprit que le Riffain Arouci se tenait caché dans les roseaux, au bord d'une rivière qui coulait à l'extrémité de la plaine. Il parlait encore, que déjà un cri du cheikh avait rallié les cavaliers épars. On partit au galop, en décrivant un vaste demi-cercle dont les deux points extrêmes devaient toucher en même temps la rive, de manière à rendre la fuite impossible au Riffain qu'on espérait surprendre. Le campagnard s'était jeté en croupe derrière le cheikh.

« Homme, dit celui-ci, tu as gagné aujourd'hui la plus riche récompense si tes paroles sont vraies; mais si tu nous a trompés, tu seras traité comme je veux traiter Arouci. »

La plaine était longue. Les cavaliers entrevoyaient les touffes de fenouil qui marquaient le cours de la rivière; ils ralentissaient leur allure et gardaient un silence profond. Ils virent un homme se dresser au loin comme s'il fût sorti des entrailles de la terre, et disparaître aussitôt. Tous avaient reconnu Arouci; tous se ruèrent sur le point où il s'était montré. Abd-El-Djebar et Sidi-Ali arrivèrent les premiers sur la rive. On battit les fenouils, les buissons, les roseaux. On reconnut une trace fraîche dans la vase : on la suivit avec soin.

« Il a passé l'eau! cria le cheikh, la trace s'enfonce et disparaît ici. » Et il poussa son cheval dans la rivière.

On reconnut au bord opposé les mêmes traces qu'on avait d'abord quittées : elles se perdaient sur l'herbe et dans les touffes de genêts. Pendant deux heures, cinquante hommes explorèrent au loin les deux rives; le terrain était battu comme une aire. Abd-El-Djebar voyait avec rage sa vengeance lui échapper, peut-être pour toujours. On avait appelé les meutes; elles revenaient hurler sans trêve sur les traces observées. Sidi-Ali pensa que le Riffain était rentré à reculons dans la rivière après l'avoir traversée, et qu'il avait pu en sortir plus loin. Il enjoignit à quelques cavaliers d'explorer les deux rives en remontant et en descendant le cours de l'eau. A peine avait-il marché deux cents pas, que ses chiens s'arrêtèrent tout à coup à quelques roseaux dont la tête, poussée par le courant, flottait devant une excavation qui paraissait s'enfoncer profondément sous la surface de l'eau. Les *sleug* aboyaient en tournant autour des roseaux, sans qu'il fût possible de les pousser plus loin. Sidi-Ali cherchait à s'expliquer leur manœuvre furieuse. La rive, en cet endroit, se dressait comme une muraille à pic. En la parcourant d'un œil attentif, il remarqua, au-dessus du trou à fleur d'eau, cinq ou six trous plus petits ; et, choisissant le plus apparent, il y enfonça le canon de son fusil qu'il poussa avec force ; il le retira lentement, et fit appeler le cheikh.

« Mon père, homme ou bête, nous avons ici une grosse proie. Lorsque mon fusil a touché le fond de cette crevasse, je l'ai senti repoussé par une secousse violente... »

Quelques heures plus tard, le soleil descendait vers la mer. On avait apporté des pioches prises aux douars voisins. Les soldats avaient fait une brèche dans le terrain à pic au-dessus des roseaux. Un éboulement découvrit enfin une sorte de tanière pratiquée dans la terre sèche ; et, gisant au fond de cette tanière, le redoutable Arouci. Il ne fit aucun mouvement : il paraissait mort. On le garrotta, on le tira au grand jour ; on vit alors que son visage était couvert de sang. Son œil gauche était crevé ; son cœur battait encore : il n'était qu'évanoui.

Le lendemain, à la nuit, Arouci, les mains liées, était couché sous une tente noire au bord de la funeste rivière. Abd-El-Djebar avait voulu camper sur le lieu même où il avait fait une si belle capture. Il méditait avec son fils une vengeance lente et féroce. Il ne voulait rentrer à El-Mamôra qu'avec la tête d'Arouci; mais il fallait d'abord que le Riffain subît toutes les tortures qu'un ennemi peut infliger. Ces tortures avaient commencé pour le captif : si ses mains seules étaient liées, c'est que ses pieds ne pouvaient plus l'aider à fuir, Sidi-Ali les avait mutilés de sa propre main, en coupant successivement les dix doigts; puis on avait dérisoirement ôté les liens qui enlaçaient le prisonnier, et six soldats, couchés autour de sa tente, épiaient ses soupirs ou ses gémissements.

La nuit était profonde. La lune avait disparu à l'horizon; tout reposait sous les tentes.

« Arouci te salue, ô cheikh Abd-El-Djebar ! »

Ce cri, jeté d'une voix tonnante, éveilla chacun en sursaut. En un instant, le tumulte fut horrible : on se pressait, on se heurtait dans les ténèbres. Le cheikh s'arrachait la barbe. On entendait le galop d'un cheval qui fuyait au loin : on tira, au hasard, quelques coups de feu, auxquels répondirent des ricanements insultants, apportés par le vent de la nuit.

« Mon cheval! criait le cheikh; vite! ramenez ce damné, ce maudit! »

Mais le cheval du cheikh, une bête d'un prix inestimable, avait disparu : les entraves coupées traînaient au piquet. On remarqua bientôt l'absence de Sidi-Ali; on le trouva mort dans sa tente. Un coup de poignard lui avait traversé le cœur; le poignard même, planté dans son œil gauche, clouait sa tête au sol. A cette vue, le vieux cheikh versa des larmes, et se courba sous le malheur. Il reconnut « que la pitié vaut mieux que la vengeance; que la miséricorde seule est aimée de Dieu; et que la main de Dieu suit dans les ténèbres ceux qui recherchent les sentiers de la violence. »

Cependant un bon nombre de cavaliers étaient partis à la poursuite du fugitif. Ils le virent longtemps emporté, comme un spectre ailé, dans la direction des bois qui s'étendent vers l'Océan, puis il se perdit dans les replis du terrain, au moment où le jour commençait à jeter ses premières lueurs. Ils s'arrêtèrent à l'entrée d'un bois de chênes-lièges, et ils étaient là depuis quelque temps, quand le cheval noir du cheikh sortit du bois et vint à eux en hennissant. Ils pensèrent alors que les cruelles blessures du Riffain avaient triomphé de son courage, et qu'il était allé mourir dans quelque buisson. Des chiens furent mis en chasse et suivirent les traces de sang, qui conduisirent toute la troupe vers une ruine qu'on disait être hantée par les mauvais génies. Les soldats y entrèrent en tremblant. Les lévriers s'arrêtèrent au seuil d'une enceinte à demi écroulée : ils poussaient des gémissements lamentables. Quelques hommes pénétrèrent enfin dans ce réduit, prêts à faire usage de leurs armes, mais la mort avait frappé avant eux : Arouci était couché la face contre terre. Une femme richement parée se tenait à genoux près de lui, et déchirait son haïk, dont elle enveloppait les pieds sanglants du Riffain. C'était Rahmana. Elle semblait ne rien voir, ne rien entendre : elle riait, elle sanglotait sans verser de larmes. On la ramena chez son père, qui était rentré à El-Mamôra. Elle y resta plusieurs jours sans parler et disparut subitement. On la retrouva dans la ruine, grattant la terre comme pour y chercher le corps de son ami absent : « Dieu, disent les Musulmans, avait rappelé à lui la raison de Rahmana, » et rien n'a pu arracher *la sainte* à sa lugubre retraite.

Lorsque je quittai Salé pour me rendre à Tanger, et de là en France, je dus suivre la route qui passe sous les canons de la citadelle El-Mamôra, et aboutit, à travers des gorges sauvages, jusqu'aux murailles d'El-Araïch. Je gravissais une pente rocheuse qui s'élève du fond d'une vallée sauvage et couverte de bois. Le ciel était noir; une pluie froide tombait sur les bois noirs avec un morne bruissement; des éclairs jetaient de fréquentes lueurs sur la lointaine solitude. Le retentissement du tonnerre, mêlé au tumulte profond des forêts sillonnées par le souffle de l'orage, éveillait en moi, non cette crainte qui abat le cœur, mais cette horreur qui trouble l'âme pour l'élever en face des grandes scènes de la nature. L'Arabe qui me servait de guide arrêta son cheval, et me montra d'un geste, à travers la bruine épaisse, une masse rougeâtre suspendue au flanc du coteau dont nous suivions la crête. Je distinguai vaguement de hautes ruines dont la base était perdue au milieu de plantes qui l'étreignaient de leurs rameaux entrelacés. Bientôt, malgré les lianes qui assiégeaient le front déchiré de la ruine, comme si elles eussent voulu l'attirer sous leurs bosquets funèbres, je vis se dessiner les lignes d'un ancien château mauresque, ses ogives, ses arcades, ses colonnes grêles, ses galeries à double étage. Un escalier échelonnait ses degrés contre des murs à jour. Des brèches ténébreuses, des cavernes écroulées, marquaient la place des anciennes chambres.

De tristes buissons couronnaient les voûtes défoncées et tombaient en rameaux traînants.

« Passons! me dit l'Arabe, ce lieu est un repaire de *djenoûn*. Passons! et que le salut de Dieu soit sur nous! »

Il parlait encore, quand un cri sinistre s'éleva, plus puissant que la tempête, et me glaça d'épouvante. D'autres cris lui succédèrent, puis des sanglots, puis des éclats de rire que répétaient les échos. Mon guide levait les yeux au ciel et murmurait des prières; je l'interrogeai du regard.

« Que Dieu, dit-il, soit miséricordieux pour Rahmana la sainte, lorsque l'ange du jugement la prendra dans cette ruine où son cœur a été frappé! »

Ismaïl me raconta les tragiques aventures qui avaient amené dans ce désert la fille d'un cheikh puissant et illustre.

Grande fut sa frayeur quand je lui déclarai que je voulais rebrousser chemin et voir Rahmana. Il prodigua pour m'en détourner tout ce que l'imagination d'un Arabe superstitieux peut inventer de plus terrifiant. Je fus sourd à ses avertissements; je convins avec lui qu'il m'attendrait au haut de la montée, et je me dirigeai seul vers la ruine. Je dus mettre pied à terre pour guider mon cheval à travers un dédale de pierres, de ronces et de buissons épineux. Je pénétrai dans l'enceinte désolée : une étroite galerie tapissée de mousses glissantes me conduisit dans une grande salle ronde qui me parut être une ancienne salle de bains. Un dôme crevassé y laissait arriver la pluie et le pâle reflet des éclairs. Les pierres disjointes tremblaient à chaque éclat de tonnerre. L'obscurité était telle, que mes yeux discernaient mal les fragments épars sur un sol fangeux. Rien, dans cette retraite, n'annonçait la présence d'un être humain. Une vague terreur m'envahissait; j'étais oppressé; il me semblait que ces murailles allaient se resserrant autour de moi, et qu'elles m'étouffaient. Un cri me fit frémir; il partait du coin le plus obscur de la salle. En y fixant mes regards, je parvins à distinguer une forme humaine, une femme demi-nue qui se mouvait sur le sol. Quelques éclairs me laissèrent entrevoir ses longs cheveux, sa face pâle et affreusement maigre. Elle était à genoux; elle se courbait pour gratter la terre, et se relevait en étendant ses bras vers le ciel : c'est alors qu'elle laissait échapper des cris, des sanglots, des rires effrayants.

Je l'appelai par son nom, « Rahmana! Rahmana! » Elle ne m'entendit pas. Elle resta quelques instants muette, les yeux fixes, sans regards, la tête et les lèvres tremblantes ; puis elle entra dans un nouvel accès de douleur frénétique. Sa voix éclatait en accents qui n'avaient rien d'humain. On eût dit que toute sa vie, concentrée en un seul sentiment, ne se manifestait plus que par des sanglots, et s'épuisait dans le cri d'un immuable désespoir : *Aïa nas-i! aïa nas-i!* (ô ma famille! ô ma famille!) répétait cette voix vibrante et infatigable. Puis tout à coup elle se taisait ; la sainte se courbait, et grattait la terre avec une ardeur insensée.

Je me retirai précipitamment. L'épouvante m'avait saisi. Je rejoignis au galop Ismaïl qui m'attendait :

« Khalifa, me dit-il, Dieu t'a conduit et Dieu te ramène... Ceux-là seuls n'ont rien à craindre des *djenoûn*, qui déposent chaque jour près de la sainte les aliments destinés à soutenir son corps misérable. »

Les *fkys* (docteurs) annoncent qu'au moment où l'ange de la mort aura touché de son aile noire la pauvre Rahmana, il chassera en même temps de cette ruine tous les démons qui y cherchent un refuge.

CHAPITRE XVII

UNE AVERSE AU MAROC. — LE DOUAR. — LE VALLON DES HESPÉRIDES.

J'avais poursuivi mon voyage, je chevauchais librement depuis quelques jours, en compagnie d'Ismaïl, à travers plaines, forêts et vallées. Ismaïl me servait à la fois de guide et d'escorte : c'était un oudaïa, un brave que le pacha El-Souëssy avait distingué entre ses plus braves soldats, et qu'il m'avait donné comme le plus prudent, le plus capable de prévenir ou de combattre les dangers d'une longue route à travers un pays sauvage.

Quatre mules portaient le bagage et la tente. Chaque soir, les quatre hommes qui les suivaient plantaient cette tente à l'endroit que j'avais choisi ; les bêtes, débarrassées de leur fardeau, étaient liées par des entraves à des piquets disposés en cercle ; un repas frugal, quelques tasses de café, quelques cigares, me faisaient oublier douze heures de marche sous un soleil implacable. Ben-Ismaïl, mon soldat, se couchait sur l'herbe à l'entrée de la tente, et m'invitait au sommeil par un ronflement soutenu, que la rosée de la nuit ne pouvait troubler.

J'avais franchi sans encombre ce défilé funeste à plus d'un voyageur dont j'ai parlé plus haut. Ce défilé est à mi-chemin entre Salé et El-Mamôra, et sa renommée, nous l'avons vu, n'est pas des meilleures. A l'époque où j'entrepris le voyage, les troupes du sultan faisaient des battues dans les environs de Dour-Zim. Il y avait donc peu de probabilité que les bandits osassent tenter un coup de main. Quelques coups de sifflet dans les broussailles, quelques figures patibulaires entrevues à travers le feuillage, m'avaient donné du danger ce que j'en ai toujours aimé : les appréhensions poignantes et les fortes émotions, qui font mieux sentir combien le ciel est radieux quand la sécurité a rendu au cœur des battements plus mesurés. Non loin de la retraite de la sainte, le voile sombre de la forêt de Mamôra, qui, pendant douze heures, nous avait caché l'horizon, s'était enfin déchiré. L'orage s'était dissipé. A droite, les crêtes bleuâtres de l'Atlas, à gauche, la mer brillante, se déroulaient et se perdaient dans le profond azur. J'avais suivi les bords d'un lac dont les eaux dormantes, coupées par des îlots de verdure et de plantes aquatiques, sont fréquentées par des milliers d'oiseaux au plumage de toutes couleurs. A certains endroits, la surface unie et limpide se perdait à l'horizon. Des hommes nus se tenaient en longues files dans les roseaux de la rive, et en sortaient pour y rentrer aussitôt. On me dit qu'ils prenaient des sangsues, que ce lac contient à foison. Ils attendaient patiemment que quelques centaines de ces bêtes affamées vinssent s'attacher à leurs membres, et ils remontaient brusquement pour les faire retomber dans des sacs. Des cavaliers les transportaient aussitôt à franc étrier dans les villes voisines. Cette contrée, occupée par les Sehlouh, est très-riche en ombrages et en belles prairies. Elle est couverte de douars et de troupeaux qu'on voit disséminés au loin dans les hautes herbes. Plus loin, je trouvai un pays presque désert : des broussailles, des plaines immenses, une solitude qu'animent seules de loin en loin quelques files de chameaux qu'on voit onduler et se perdre à l'horizon.

Pendant la quatrième nuit, le silence fut tout à coup troublé par une violente rafale qui vint secouer ma tente et nous réveiller en sursaut. Je sortis : les nuages couraient avec vitesse et envahissaient tout le ciel. Le vent s'élevait avec une impétuosité furieuse ; il emportait au loin le bruit de nos voix, nous pouvions à peine nous entendre au milieu d'un vacarme assourdissant. La pluie tomba vers le matin. Le vent n'avait pas cessé : il nous fut impossible d'allumer du feu. Nous pliâmes la tente et partîmes aux premières lueurs de l'aube, espérant atteindre avant midi quelque douar où nous pourrions nous arrêter et passer la journée ; mais le ciel en avait décidé autrement.

Je n'essayerai pas de décrire ce que nous eûmes à souffrir à chaque heure de cette terrible journée. Les cataractes du ciel semblaient se ruer sur la terre pour l'écraser ou pour la dissoudre. Le vent gémissait, sifflait, hurlait, saisissait des nappes d'eau glaciale dans ses tourbillons, et nous en fouettait avec rage. Vingt fois nos bêtes s'arrêtèrent et refusèrent de faire tête à l'ouragan qui les aveuglait. Elles tournaient brusquement le dos au vent, se fichaient en tremblant sur leurs quatre jambes écartées, allongeaient le cou, baissaient la tête, et devenaient insensibles aux éperons qui labouraient leurs flancs : les hommes les tiraient vainement par la bride ; elles ne se remettaient en marche que lorsque le vent faiblissait un peu.

Tout le jour se passa dans ces luttes obstinées de part et d'autre, et sans qu'il nous fût possible d'atteindre quelque abri. Les cours d'eau s'étaient changés en torrents. Dix fois nous dûmes chercher des gués dans des flots rapides, qui roulaient bruyamment en emportant le limon de leurs rives. Les gués avaient disparu. Chevaux et mules glissaient dans la vase, disparaissaient en plongeant tout à coup, relevaient leurs naseaux fumants, et passaient enfin à la nage en nous plongeant dans l'eau jusqu'au ventre. Je laisse à penser ce que devint mon bagage.

Vers le soir, la pluie était si fine et si drue qu'on ne distinguait plus à deux pas devant soi. Un froid brouillard s'élevait de terre, et roulait comme des flots de fumée blanche sous le souffle de la tempête. La faim, le froid, commençaient à me torturer. La nuit arrivait : nous ne pouvions songer à nous arrêter ou à allumer du feu. A ce moment, nos bêtes, qui marchaient serrées en un peloton, commencèrent de glisser en enfonçant à chaque pas : je vis que nous étions dans un marais, et, au même instant, mon cheval s'affaissa ; ses jambes de devant avaient à moitié disparu dans des touffes de jonc. J'interpellai assez brutalement Ismaïl, en lui demandant s'il comptait enfin nous noyer pour couronner une si belle expédition. Le rouge lui monta au front ; il balbutia, regardant autour de lui :

« Khalifa, ce maudit brouillard est cause que

depuis longtemps j'ai perdu la route; je ne sais où nous sommes et où nous allons. »

Après des efforts inouïs, nous parvînmes enfin à relever nos montures et à sortir du marais, en retournant sur nos traces. Les ténèbres devenaient plus épaisses, la tourmente plus affreuse. Mes dents claquaient; j'avais des éblouissements et presque le vertige. Mon burnous de laine pesait sur mes épaules comme une chape de plomb. Mes membres roidis me refusaient leur service. Tous mes hommes étaient dans le même état. J'arrêtai la troupe, et je tins conseil avec Ismaïl. Les muletiers pensaient qu'en tournant sur la gauche, le long du marais, nous devions rencontrer quelque douar. Ils se fondaient sur ce que le terrain, dans cette direction, leur paraissait foulé par des traces de bestiaux. Mais la pluie et l'obscurité rendaient ces traces douteuses. Nous marchâmes pourtant vers le point désigné. Nous cheminions depuis une demi-heure, quand une lumière parut tout à coup au sommet d'un monticule que nous aperçûmes vaguement à travers les torrents de pluie qui tombaient en formant devant nos yeux un épais rideau. Un cri de joie salua cette apparition. Des aboiements frappèrent mes oreilles comme la plus délicieuse musique : chevaux et mules se ranimaient et trottaient en hennissant. Nous distinguâmes bientôt les tentes d'un douar qui couronnait le plateau.

— Ismaïl, cours en avant, et va demander hospitalité pour cette nuit au cheikh du douar!

Ismaïl partit au galop. Peu de temps après, je le vis qui revenait au petit pas, et d'un air de mauvaise humeur :

— Khalifa, le cheikh est absent, et les gens du douar ne veulent pas recevoir un Nazaréen. Que veux-tu faire?

— Et que ferais-tu toi-même?

— Ils disent qu'il y a un peu plus loin un autre douar.

— Et si les gens de cet autre douar ressemblent à ceux-ci?

Ismaïl baissa la tête sans répondre.

— Ismaïl, dis-je, avant peu, la nuit sera si noire que nous ne verrons plus les pieds de nos chevaux. Je n'irai pas chercher plus loin un refus, quand j'ai si près de moi du feu et des tentes. Je veux passer la nuit dans ce douar. Fais ce que je vais faire moi-même, et n'oublie pas que tu as répondu de moi *ala ras-ek* (sur ta tête).

Je partis au trot, Ismaïl se rangea à mon côté. Nous gravîmes rapidement la pente qui menait au douar. Je franchis le cercle, et je poussai droit à une tente où brillait un grand feu. Toute prudence était à vau-l'eau ; la faim, le froid ne me disposaient guère aux tentatives pacifiques. J'arrête court mon cheval, je saute à terre armé de mon fusil à deux coups, et je lance mon burnous au fond de la tente en m'y précipitant après lui. Ismaïl avait fait de même. En me voyant froid et déterminé, ses instincts de *mkhazni* (soldat) se réveillent ; il crie, menace, tempête, et pousse dehors, avec d'effroyables malédictions, deux ou trois femmes qui préparaient le couscoussou.

La stupeur les paralyse un instant et les rend muettes ; mais enfin leur colère éclate en cris aigus et en gestes menaçants. On accourt de toutes les tentes, un cercle se forme autour de nous. Les explications, les exclamations se croisent et s'échangent au milieu d'une tempête d'invectives contre le chrétien. Je me réchauffais à la flamme et je gardais le silence, en affectant un air tranquille et insouciant. Un grand garçon à mine furibonde, sans doute *le fils de la maison*, tombe sur moi en me frappant de la tête comme un bélier, et me pousse jusqu'au fond de la tente ; il tire en même temps un long couteau, et se met à couper les cordes qui la soutenaient. D'autres font la même besogne, dans l'intention évidente de me prendre sous la toile comme une alouette au piége. Je m'élance vers mon factieux Bédouin, et lui détache de bas en haut un coup de poing qui l'envoie rouler la tête en arrière. Ismaïl se démenait comme un lion attaqué, et faisait pleuvoir des gourmades héroïques sur les autres assaillants. Ce mouvement offensif jeta une certaine hésitation dans la foule, qui, évidemment, répugnait aux dernières violences. Je criais de mon mieux que j'étais Français, que j'étais entré comme chez moi sous la tente de mes amis, qu'on m'avait pris sans doute pour un Inglis, que jamais je ne sortirais du douar de Sidi-Abd-Esselam, mon ami, à qui j'avais résolu de demander une tente pour la nuit. — J'avais saisi au vol le nom du cheikh, et je le prononçais, en effet, comme si je l'eusse connu depuis longtemps.

La voix d'Ismaïl, mieux que la mienne, dominait le tumulte. Le brave oudaïa se livrait à la fougue d'une éloquence tout orientale. Il gesticulait en lançant de foudroyantes apostrophes.

— Oui, disait-il, accourez tous, ô chiens nus et galeux! venez au-devant du sort que vous méritez si bien dès le ventre de vos mères : que Dieu les maudisse et qu'il sèche leurs mamelles! Ah! vous recevez ainsi un Français! un ami de notre seigneur

Abd-Er-Rahman! un homme qui a des lettres du grand sultan de France [1]! un homme que tous doivent considérer! Ah! vous osez lever vos têtes en sa présence, insectes venimeux et rampants, qui vous nourrissez des ordures de la terre! Eh bien! regardez-le, ce Nazaréen chéri de Dieu, et rougissez de votre sottise, car s'il le veut, vous ne porterez plus longtemps vos têtes chétives et misérables. Déjà elles branlent sur vos épaules : je les vois... oui, je les vois qui roulent dans la boue; elles attirent toutes les bêtes qui se nourrissent de cadavres!...

Cette philippique, saccadée par des horions qui servaient comme de virgules, n'obtenait qu'un succès médiocre. La situation tardait trop à s'éclaircir; elle pouvait d'un instant à l'autre tourner au tragique.

— Il faut le chasser de la tente dont il a chassé nos frères, disait l'un; qu'avons-nous à faire d'un Nazaréen?

— Appelez les chiens, disait un autre; chiens contre chien, ils lui donneront la chasse jusqu'aux limites du douar.

[1] Les Marocains, pour désigner la qualité officielle d'un chrétien, disent : *And ou braouat es-soultan* (Il a des lettres du sultan).

Les femmes surtout étaient comme des furies : je les voyais dans l'ombre, bizarrement éclairées par des reflets rougeâtres. Elles grinçaient des dents, étendaient vers moi des bras frémissants, et semblaient impatientes de me voir mettre en pièces.

Mon esprit commençait à envisager de sombres tableaux, quand je remarquai dans la foule des curieux un vieillard qui paraissait avoir gardé son sang-froid. Écarter brusquement quelques mégères qui me séparaient de lui, saisir son vêtement, lui demander de m'entendre à l'écart, tout cela fut l'affaire d'un instant rapide comme la pensée.

— Homme, lui dis-je, tu es vieux, tu es sage, et tous ces gens-là sont fous. Je suis Français, je porte des lettres du sultan. Depuis la nuit dernière je voyage avec la pluie et le vent. J'ai faim, j'ai froid; les Musulmans qui m'accompagnent sont dans la même situation. Je suis venu dans ton douar comme chez des amis; si l'on me repousse, le sultan le saura, le pacha de la province en sera informé dès demain, et des maux de toute sorte tomberont sur le douar. Si, au contraire, on me fait bon accueil, j'oublierai tout, et chacun aura son *regalo*.

Pendant ce colloque, où je déployai toutes les ressources de ma faible érudition en langue arabe, la foule s'était tenue à distance et le tumulte s'était un peu apaisé; peut-être l'éloquence d'Ismaïl avait-elle ébranlé les plus fanatiques. Les mules, chargées de bagages et les quatre conducteurs venaient d'arriver devant la tente en litige, et avaient fait une diversion marquée. Les muletiers, heureux d'avoir trouvé un gîte, et ignorant ce qui s'était passé, fraternisaient de bonne foi et riaient joyeusement. Leur belle humeur et leurs propos avaient déjà provoqué quelques rires sympathiques.

A cet instant, je rentrai dans le cercle formé autour de la tente. Le vieillard me tenait par la main :

— *Blâkal, blâkal, a-hkoutî!* Doucement, doucement, mes frères, dit-il en calmant du geste et de la voix quelques énergumènes endurcis : ce chrétien est un ami; vous avez montré un cœur dur et impitoyable en lui refusant un abri contre le mauvais temps, et c'est pourquoi il est entré de force dans cette kheima [1]; mais il veut tout oublier. Qu'on prenne donc soin de lui; il a faim, il a froid. Qu'on lui laisse cette tente pour la nuit. Le cheikh Sidi Abd-Esselam louera votre conduite, et vous le savez, les chrétiens sont généreux. Demain, chacun sera content.

[1] *Kheima*, tente.

Ces paroles avaient été écoutées avec un profond silence. A mesure qu'elles étaient prononcées, je voyais les visages s'animer d'une expression plus humaine.

— Allons, dis-je à une vieille femme qui me couvait encore d'un regard féroce, allons, femme, au lieu de me regarder ainsi, va chercher un fagot, et entretiens le feu : voilà qui récompensera ton zèle et ton savoir-faire, et je lui montrais quelques *onces* d'argent.

Ce fut le coup décisif. La baguette d'un magicien n'eût pas opéré un changement plus complet et plus rapide. Chacun vint me prendre la main, me donner la bienvenue, me dire en riant que ce qui s'était passé n'était qu'un malentendu. On loua Dieu, on maudit le diable. Les femmes, les enfants allaient et venaient, apportant des broussailles et des provisions : café, couscoussou, œufs, oranges, laitage, beurre, plats de toute grandeur et de toute façon eurent en un clin d'œil encombré ma tente. Le grand garçon maugréait encore à la sourdine. On le roula loin de ses pénates envahis, et tous les rieurs étant de mon côté, il lui fallut bien se soumettre; il le fit de bonne grâce, au nom de sa famille :

— *Francis bueno, bueno Francis !* me disait-il.

And ou forza bezzef! (Il a de la force, et beaucoup). — Je ne sais si le pauvre diable faisait allusion au coup de poing que je lui avais donné, ou s'il entendait seulement caresser ma vanité nationale.

— *Francis bueno, Inglis falso!* répétaient en chœur de jeunes polissons à mine éveillée, et le refrain obligé :

— *Ara flûs! attini flis!* (Donne-moi des sous!) ne se faisait pas attendre.

Ismaïl avait aussi sa bonne part des attentions communes. Le brave homme donnait carrière à un appétit surhumain : il prodiguait à mon sujet, et par manière d'assaisonnement, les explications les plus hyperboliques. Il usait à propos de réticences mystérieuses, et se donnait ainsi de l'importance aux yeux des badauds bédouins, les plus naïfs de tous les badauds passés et présents.

Sidi Abd-Esselam, cheikh du douar, arriva sur ces entrefaites. On lui avait tout appris : il vint me prier d'excuser la grossièreté de ses gens, et me combla de soins de toute sorte. Il désigna des hommes qui devaient entretenir le feu toute la nuit devant la kheima, et garder mes bagages. Je pus enfin réparer les désordres de mon accoutrement : les dames du lieu suivirent avec un intérêt marqué les détails les plus intimes de ma transformation. Mes longs cheveux excitèrent longtemps leur babil. Mes gants, tout mon nécessaire de toilette, passèrent de main en main. J'oubliai bientôt dans un profond sommeil les émotions de cette journée.

Le lendemain, le soleil se leva radieux dans un ciel sans nuages. En montant à cheval, je distribuai quelques piastres, qui furent accueillies par des bénédictions. Tous les cavaliers du douar m'accompagnèrent jusqu'aux limites de la tribu, et se livrèrent en mon honneur au jeu de la poudre. Je vis plus tard que pas le moindre objet ne m'avait été dérobé, bien que mes bagages fussent restés toute une nuit étendus hors des malles et autour d'un grand feu. Mon couteau seul avait disparu lorsque je m'embarquai pour Gibraltar. Le brave Ismaïl l'avait convoité avec respect tant que j'avais été sous sa garde; il le prit fort subtilement dès que je fus arrivé sain et sauf à Tanger.

Le lendemain de mes adieux au douar de Sidi-Abd-Es-selam, j'avais traversé l'ancien fleuve Loukos et les riantes campagnes d'Arzila. La route que je suivais se faisait jour à travers un haut gazon émaillé de fleurs. Vers le soir, elle s'abaissa sous des bosquets d'arbrisseaux odorants jusqu'au fond d'une vallée dont les pentes douces remontaient en dessinant sur le ciel leurs crêtes couvertes de bois. Quelques filets d'eau couraient avec un gai murmure sous des touffes de genêts en fleur. Je m'enivrais du parfum d'arbustes et de plantes aromatiques, dont mon cheval fendait avec peine les flots verdoyants; et ces flots se refermaient aussitôt, comme pour cacher ma trace à d'autres voyageurs. J'arrivai à l'extrémité du vallon, sur un plateau élevé d'où le regard embrassait à la fois l'Océan et toute la contrée. Je m'arrêtai pour contempler une dernière fois le ravin délicieux dont je quittais à regret les détours.

Le soleil descendait dans la mer, et ses rayons glissaient jusqu'à moi sur les cimes boisées qu'ils semblaient parsemer de roses. Le fond de la vallée se perdait dans une brume diaphane; ses bords s'épanouissaient dans une vapeur d'or et de feu. Les myrtes sauvages, les citronniers, les grenadiers, les lauriers-roses, exhalaient de molles senteurs qui provoquaient aux douces rêveries. Des milliers d'orangers offraient leurs pommes d'or aux dernières caresses de l'astre qui les fait mûrir. La fable place dans cette contrée le jardin des Hespérides : mon imagination enivrée me disait qu'il était là, sous mes yeux.

La voix rude d'Ismaïl ramena mon esprit à d'autres pensées. Il avait tiré un épervier qui se débattait au loin dans les herbes, et il galopait en faisant pirouetter en l'air son long fusil. Son burnous blanc m'apparut comme un linceul flottant. J'oubliai l'homme, je ne vis plus en lui que cette race jetée aux extrémités du vieux monde, et agonisant entre une mer de sable qui la presse, l'Océan qu'elle n'a jamais su franchir, l'Espagne qui l'a refoulée dans ses limites : *nec plus ultra* devait être l'arrêt de ses destinées.

La solitude, le silence, le scintillement des innombrables étoiles qui font des nuits d'Afrique un long crépuscule, me parurent tout à coup si pleins de charme, que j'éprouvai un sentiment de regret à la pensée de quitter peut-être pour toujours cette sauvage mais poétique nature. — Aujourd'hui, je me plais à retracer les souvenirs qu'elle m'a laissés, après un long séjour au milieu des populations de l'extrême occident africain : puissent-ils offrir un attrait moins mélangé que les réalités dont ils sont l'écho !

FIN.

TABLE DES CHAPITRES

FIN DE LA TABLE.

Catalogue de la BIBLIOTHÈQUE CHOISIE

LITTÉRATURE FRANÇAISE.

XVe au XVIIIe siècle.

		vol.
Le roi Louis XI.	100 Nouvelles nouv.	2
Rabelais.	Œuvres.	1
Béroalde de Verville.	Moyen de parvenir.	1
B. des Périers.	Contes et joy. Devis.	1
Malherbe.	Edit. Andr. Chénier.	1
Satire Ménippée.	Edition Ch. Labitte.	1
Bossuet.	Histoire universelle.	1
Lesage.	Gil-Blas	1
Prévost (l'abbé).	Manon Lescaut	1
J.-J. Rousseau.	Émile.	1
—	Nouvelle Héloïse.	1
—	Confessions	1
André Chénier.	Poésies complètes	1
M.-J. Chénier.	Poésies	1

CLASSIQUES FRANÇAIS

Édition variorum de Charles Louandre

Montaigne.	Essais, éd. complète.	4
Corneille (P. et T.)	Œuvres	2
Molière.	Œuvres complètes.	3
Pascal.	Pensées	1
—	Lettres provinciales.	1
La Bruyère.	Caractères.	1
J. Racine.	Théâtre complet	1
Boileau.	Œuvres poétiques.	1
La Fontaine.	Fables	1
—	Contes et Nouvelles.	1
Voltaire.	Siècle de Louis XIV.	1

Mémoires et Correspondances pour l'histoire de la Société française.

[illegible] d'Aubigné.	Mémoires.	1
[illegible]	Lettres et Poésies.	1
[illegible]	Mémoires.	4
[illegible] (Mlle de).	Mémoires.	4
[illegible]	Correspond. inédite.	2
Maintenon (Mme de).	Lettres sur l'Educat.	1
—	Entretiens idem.	1
—	Lettres hist. et édif.	2
—	Correspondance gén.	4
—	Conseils et Proverb.	1
—	Mémoires sur elle.	2
[illegible]	Persécut. des Protest.	1
[illegible]	Correspondance.	2
[illegible] Barbier.	Journal sur le XVIIIe siècle.	2
[illegible] (Mme de).	Mémoires.	2

XIXe siècle.

[illegible]	Éducation des mères.	1
[illegible]	Tableau de littérature.	1
[illegible] Savarin.	Physiologie du Goût.	1
[illegible] Constant.	Adolphe.	1
[illegible]	Romans, contes, etc.	1
[illegible]	Les Poëtes vivants.	1
[illegible]	Ourika. Édouard.	1
[illegible]	Voyage au Mexique.	1
[illegible]	[illegible]	1
[illegible]	Voyage en Espagne.	1
[illegible]	Nouvelles.	1
[illegible]	[illegible]	1
[illegible]	Voyage en Orient.	1
[illegible]	[illegible]	1
[illegible]	[illegible] l'Histoire.	1
[illegible]	[illegible]	2
[illegible]	Voyage en Chine.	1
[illegible]	Poésies.	1
[illegible]	Poèmes évangéliques.	1
[illegible]	Hist. des Français.	1
[illegible]	[illegible]	1
[illegible]	De Paris.	1
[illegible]	Lettres, etc., etc.	1
[illegible]	Œuvres complètes.	1
[illegible]	Chronique Charles IX.	1
[illegible]	[illegible]	1
[illegible]	[illegible]	1

		vol.
Mignet.	Hist. de Marie Stuart.	2
—	Notices.	2
—	Antonio Pérez.	1
—	Mémoires historiques.	1
Millevoye.	Poésies.	1
Monnier (H.).	Bourgeois de Paris.	1
Musset (Alfred).	Premières poésies.	1
—	Poésies nouvelles.	1
—	Comédies, éd. compl.	2
—	Confess. d'un Enfant.	1
—	Nouvelles.	1
—	Contes.	1
Musset (Paul).	Les Originaux.	1
—	Femmes de la Régence	1
—	Mémoires de Gozzi.	1
—	Nouvelles italiennes.	1
—	Voyage en Italie.	1
—	Le Nouvel Aladin.	1
Planche (Gust.)	Portraits et critiques.	2
Nodier (Charles).	La Révolution et l'Empire.	2
—	Souven. de jeunesse.	1
—	Contes de la Veillée.	1
—	Contes fantastiques.	1
—	Nouvelles.	1
—	Romans.	1
S.-Marc-Girardin.	Cours de littérature.	3
—	Essais de littérature.	2
Sainte-Beuve.	Tabl. de la poésie	1
—	Volupté	1
—	Poésies complètes	1
Saintine.	Picciola.	1
Sandeau (Jules).	Marianne	1
—	Docteur Herbeau	1
—	Fernand.	1
—	Vaillance et Richard	1
—	Valcreuse.	1
—	[illegible] roman.	1
—	Mme de Sommerville.	1
—	Madeleine.	1
—	Mlle de la Seiglière.	1
Senancour.	Obermann	1
Staël (Mme de).	Corinne	1
—	Delphine.	1
—	De l'Allemagne.	1
—	Révolution française.	1
—	Mémoires.	1
—	De la littérature.	1
Valmore (Mme).	Poésies.	1
Vigny (Alfred).	Cinq-Mars.	1
—	Stello.	1
—	Nouvelles.	1
—	Théâtre.	1
—	Poésies	1
Weiss.	Réfugiés Protestants.	2
Vitet.	Études s. les beaux-arts.	2

Bibliothèque latine-française.

Tacite.	Traduct. Louandre.	2
Jules César.	Traduct. Louandre.	1
Horace.	Traduction Patin.	1
Suétone.	Trad. Pessonneaux.	1

Bibliothèque grecque-française.

Aristophane.	Comédies, tr. nouv.	2
Aristote.	Politique, Mél., etc.	1
Démosthène.	Chefs-d'œuvre.	1
Diogène Laërce.	Vies d. Philosophes.	1
Eschyle.	Théâtre, tr. Pierron.	1
Euripide.	Théâtre, tr. Artaud.	2
Hérodote.	Histoire, tr. Larcher.	2
Homère.	Iliade, tr. Dacier.	1
—	Odyssée, tr. Dacier.	1
Héliodore.	Théagène et Chariclée.	1
Longus.	Daphnis et Chloé, etc.	1
Marc-Aurèle.	Œuvr. tr. Pierron.	1
Moralistes grecs.	Socrate, Épictète.	1
Platon.	La République.	1
—	Les Lois	1
—	Dialogues biograph.	1
—	Dialogues métaph.	1

Plutarque. — Sophocle. — Thucydide. — Xénophon.

Bibliothèque anglaise

Mrs. B. Stowe. — Lingard. — Milton. — Macaulay. — Shakspeare. — Sterne. — Goldsmith. — Fielding. — Emerson.

Biblioth. allemande

Gœthe. — Schiller. — Klopstock. — Hoffmann. — Poètes du Nord. — Chefs-d'œuvre allem.

Biblioth. italienne

Le Dante. — Le Tasse. — Manzoni. — Silvio Pellico. — Machiavel. — [illegible]

Ouvrages divers

[illegible] — Mahomet. — Confucius. — [illegible]

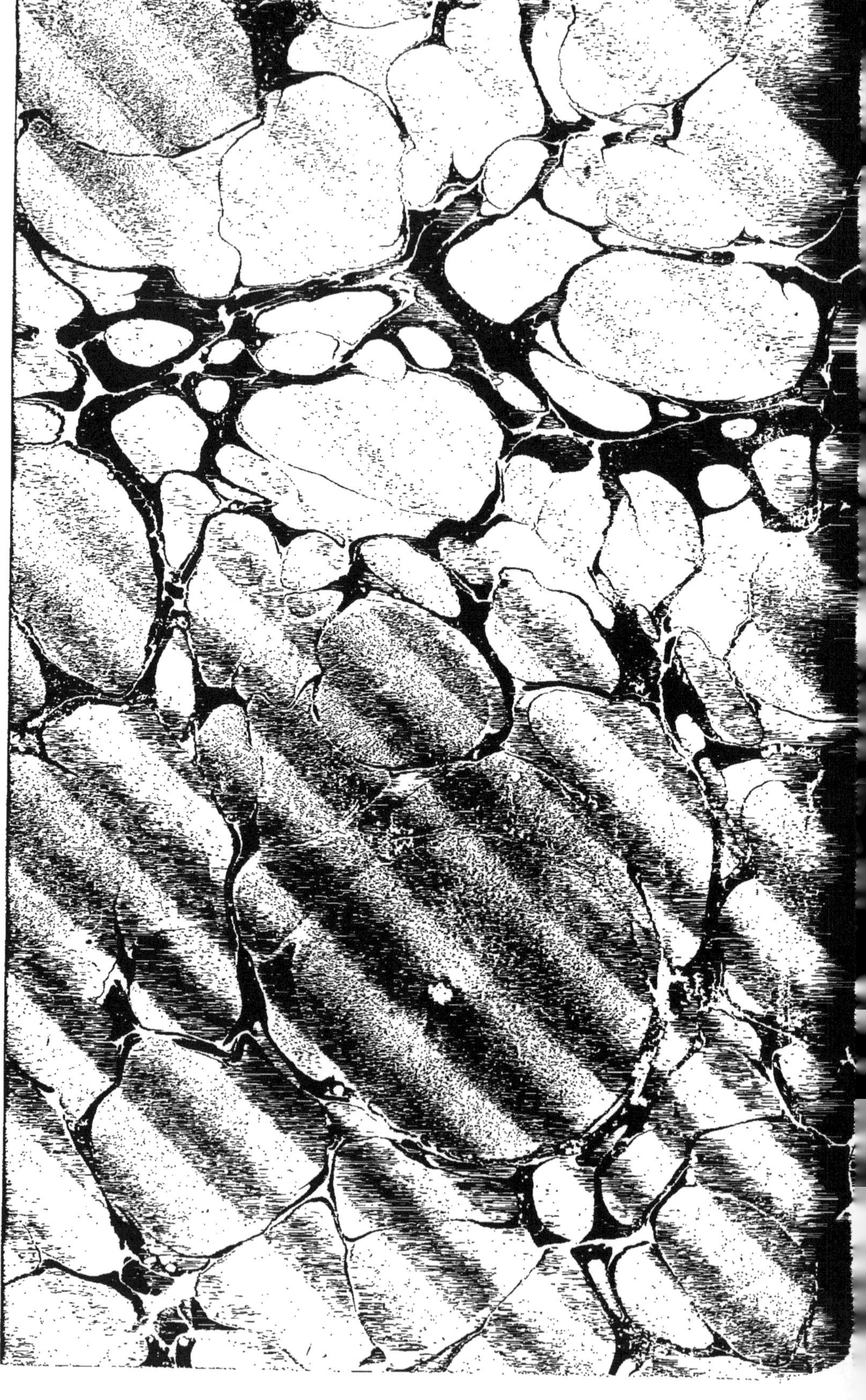

www.ingramcontent.com/pod-product-compliance
Ingram Content Group UK Ltd.
Pitfield, Milton Keynes, MK11 3LW, UK
UKHW020429200726
13857UKWH00002B/356